*E. L. Doktorov*

ŽIVOTI PESNIKA

I0666868

# REČ I MISAO

NOVA SERIJA

399

Prevela s engleskog
JELENA STAKIĆ

Pogovor
DAVID ALBAHARI

Urednici
BRANISLAV MILOŠEVIĆ
DRAGAN LAKIĆEVIĆ

EDGAR LORENS DOKTOROV

# ŽIVOTI PESNIKA

*Šest priča i jedna novela*

IZDAVAČKA RADNA ORGANIZACIJA „RAD"
BEOGRAD, 1986.

NASLOV ORIGINALA

*E. L. Doctorow*

# LIVES OF THE POETS

*Six Stories and a Novella*

Michael Joseph, London, 1985.

Copyright E. L. Doctorow, 1984.

*Mom bratu*
*DONU*

*Svi događaji i likovi opisani u ovoj knjizi izmišljeni su.*

# PISAC U PORODICI

# PISAC U PORODICI

GODINE 1955. umre mi otac, a ostarela mu mati u staračkom domu još beše živa. Bakuta je uzela devedesetu, i nije ni znala da je otac bio bolestan. Pribojavajući se da bi je potres mogao ubiti, moje tetke joj rekoše da se otac zbog bronhitisa preselio u Arizonu. Za useljeničko pokolenje moje staramajke, u Americi je Arizona bila ono što su Alpi u Evropi, mesto kuda se ide zdravlja radi. Tačnije rečeno, kuda se ide ako se ima para. Pošto su svi poslovni poduhvati koje je otac u životu preduzeo propali, baba se zakači za tu stranu vesti, verujući da je otac konačno postigao nekakav uspeh. I tako ispade da se baba, dok smo mi kod kuće, samo u čarapama, oplakivali oca, hvalisala svojim pajtašicama sinovljevim novim životom na suvom pustinjskom vazduhu.

Tetke su rešile celu stvar i ne pitavši nas. To je značilo da ni majka ni brat ni ja nismo mogli posećivati baku jer i mi smo se, kao, preselili na zapad, ta uostalom jedna smo porodica. Mom bratu Heroldu i meni pucao je prsluk — u staračkom domu je uvek bilo grozomorno, svi su džonjali naokolo i buljili u nas dok smo se mi upinjali da vodimo kakav-takav razgovor s bakom. Izgledala je jezivo, bolovala od sto boleština, i bila izlapela. Da je ne viđa, to nije bilo neko razočaranje ni za majku, koja se sa staricom nikad nije slagala niti ju je obilazila ni kad je mogla. No smetalo nam je što se tetke ponašaju kao ona strana porodice koja upravlja u ime sviju, građani prvog reda, po krvi, za razliku od nas građana drugog reda, po bračnoj liniji. Upravo zbog takvog ponašanja majka je patila još otkako se udala. Smarala je da je Džekova porodica nikad nije prihvatila. Dvadeset pet godina bočila se s njima kao neko ko im ne pripada.

Nekoliko sedmica po okončanju našeg obrednog oplakivanja telefonirala nam je tetka Fransis iz svoje kuće u Larčmontu. Od očevih sestara tetka Fransis beše ona bogatija. Muž joj je bio advokat, a oba sina u Amherstu. Pozvala nas je da nam saopšti kako se baka pita zašto nema vesti od Džeka. Na telefon sam se bio javio ja. „Ti si pisac u porodici”, reče tetka. „Tvoj se otac onoliko uzdao u tebe. Da l' bi hteo nešto da sastaviš? Pošalji meni pa ću joj ja pročitati. Neće ni primetiti razliku.”

Te večeri, za kuhinjskim stolom, odgurnuh domaće u stranu i sročih pismo. Pokušah da zamislim kako bi se otac osećao u svom novom životu. On nikad nije bio na Zapadu. Nikad nikud nije putovao. Za njegovo pokolenje veliko putovanje beše uspon iz radničke klase u profesionalnu. Ni to mu nije pošlo za rukom. Ali, voleo je Njujork, gde se rodio i proživeo vek, i vazda je u njemu otkrivao nešto novo. Naročito je voleo stare delove grada ispod ulice Kanal, gde je nalazio snabdevače brodova ili firme koje trguju začinima i čajevima na veliko. Bio je trgovački putnik kod jednog veletrgovca aparatima za domaćinstvo koji je imao klijentelu po celom gradu. Rado je donosio kući retke sireve ili egzotična strana povrća koja su se prodavala samo u nekim gradskim četvrtima. Jednom je doneo barometar, drugi put starinski brodski teleskop u drvenoj kutiji s bronzanim zaporom.

„Draga Mama”, napisah, „Arizona je prelepa. Sunce sija po ceo dan a vazduh je topao i godinama se nisam ovako dobro osećao. Pustinja nije neplodna kao što bi očekivala, nego je puna divljeg cveća i kaktusa i čudnovatih iskrivljenih drveta koja izgledaju kao ljudi ispruženih ruku. Na koju se god stranu okreneš, pogled puca daleko, daleko, a na zapadu ima jedan planinski venac, možda celih pedeset milja odavde, ali ujutru, kad je obasjan suncem, na vrhovima se može videti sneg.”

Posle nekoliko dana javi se tetka i reče mi da je, tek kad je glasno pročitala pismo starici, potpuno shvatila da je

10

Džek umro. Morala je da se izvini i ode do parkinga da se isplače. „Mnogo sam plakala", reče. „Osetila sam strahovitu čežnju za njim. Sasvim si u pravu, voleo je putovanja, voleo je život, voleo je sve."

POČESMO DA sređujemo život. Otac je bio digao pozajmicu na polisu osiguranja, te je ostalo vrlo malo. Neke narudžbine su još bile nenaplaćene, no firma kao da nije nameravala da ih nadoknadi. U štedionici je ležalo dve hiljade dolara koje su morale tamo i ostati dok se ne završe poslovi oko nasleđa. Advokat zadužen za to beše muž tetke Fransis, a taj se čvrsto držao propisa. „Nasleđa!" gunđala je majka, gestikulišući kao da čupa kose. „Nasleđa!" Potražila je bila posao sa skraćenim vremenom na prijemnom odeljenju bolnice u kojoj su postavili dijagnozu očeve smrtne bolesti, i u kojoj je otac ležao nekoliko meseci pre no što su ga poslali kući da umre. Poznavala je mnogo lekara i osoblja a „iz gorkog iskustva", kako im je rekla, naučila je bolničku rutinu. Primiše je.

Ja sam mrzeo tu bolnicu, bila je mračna i sablasna, i puna namučenog sveta. Pomislih da je majka pravi mazohista kad je baš tu potražila posao, ali ništa joj ne rekoh.

Živeli smo u jednom stanu na uglu 175. ulice i Grend Konkorsa, na prvom spratu. Tri sobe. Spavaću sam delio s bratom. Bila je pretrpana, jer kad je ocu, poslednjih sedmica bolesti, bio neophodan bolnički krevet, prebacili smo nekoliko komada nameštaja iz dnevne sobe u spavaću, a dnevnu sobu uredili za njega. Morali smo se probijati između polica za knjige, kreveta, stola na razvlačenje, pisaćih stolova, gramofona i stočića s radio-aparatom, gomile od 78 albuma, bratovljevog trombona i muzičkog stalka, i tako dalje. Majka nastavi da spava u dnevnoj sobi na sofi na sklapanje koja im je bila postelja pre no što se otac razboleo. Dve sobe behu spojene uskim hodnikom koji se zbog polica s knjigama duž zidova još više suzio. Iz hodnika se ulazilo u kuhinjicu s prostorom za obedovanje, i u kupatilo. Po kuhinji se vuklo vazda nekih aparata — roštilj, toster, ekspres-lonac, ugrađena sudopera, mutilica — koje je otac

11

nabavio preko firme, po ceni. Izraz poštovan u našoj kući: *po ceni*. No najveći deo tih naprava ne beše korišćen zato što majka nije marila za njih. Hromirane skalamerije s podešivačima za vreme ili instrumentima za čiju je primenu bilo neophodno čitati opširna uputstva nisu bile za nju. Te naprave behu delimično krive za strahovitu zbrku u našem životu i sad je majka htela da ih se ratosilja. „Zatrpaše nas", govorila je. „Kome trebaju!"

I tako se složismo da pobacamo ili rasprodamo sve što nam nije važno. Dok sam ja nalazio kutije od aparata a brat ih vezivao kanapom, majka je raskrilila očev orman i povadila njegovu odeću. Imao je nekoliko odela zato što je kao trgovački putnik uvek morao besprekorno da izgleda. Majka je htela da probamo njegova odela da bi videla koja se mogu prepraviti i nositi. Brat odbi. Ja obukoh jedan sako koji mi beše prevelik. Osetih hladnu postavu rukava na ruci, i neki sasvim neodređen vonj očevog bića.

„Mnogo je velik", rekoh.

„Ne brini", uzvrati majka. „Dala sam ga na čišćenje. Zar bih te pustila da ga oblačiš da nisam?"

Bilo je veče, kraj zime, sneg je vejao na prozorsku dasku i topio se čim je dotakne. Sijalica s tavanice obasjavala je krevet s hrpom očevih odela i pantalona na vešalicama i ta hrpa je izgledala kao mrtvac. Odbismo da još bilo šta probamo. i majka briznu u plač.

„Zašto plačeš?" razdra se brat. „Sama si htela da se ratosiljaš stvari."

NEKOLIKO SEDMICA kasnije tetka ponovo pozva telefonom i reče da smatra da je neophodno još jedno pismo od Džeka. Baka je ispala iz stolice i ugruvala se, i vrlo je potištena.

„I koliko dugo tako?" upita majka.

„Ma nije to tol'ko strašno", reče tetka, „da joj olakšamo još ono malo života što joj je preostalo."

Majka s treskom spusti slušalicu. „Čak ni da umre ne može kad hoće!" vikala je. „Čak i smrt dolazi tek posle Mame! Čega se to boje, da je potres ne ubije? Ništa nju ne može ubiti. Ona je neuništiva! Ni kolac kroz srce ne bi je mogao ubiti!"

Kad sam seo za kuhinjski sto da napišem pismo shvatih da će biti teže nego prvi put. „Ne gledaj me", podviknuh bratu. „I bez toga mi je dovoljno teško."

„Pa ne moraš da radiš nešto samo zato što to neko traži od tebe", reče Herold. On je bio dve godine stariji od mene i počeo je da studira na Gradskom univerzitetu; ali kad se otac razboleo, prebacio se u večernju školu i zaposlio u prodavnici gramofonskih ploča.

„Draga Mama", napisah. „Nadam se da se dobro osećaš. Mi smo svi zdravi ko dren. Ovde je život lagodan a ljudi vrlo druželjubivi i neposredni. Niko ovde ne nosi odelo i kravatu. Samo pantalone i košulju kratkih rukava. Možda džemper, uveče. Kupio sam udeo u jednom vrlo uspešnom poslu s radio-aparatima i pločama i odlično prolazim. Sećaš se radnje Džek Elektrik, mog nekadašnjeg nameštenja u Četrdeset trećoj ulici? E pa, sad je to Džek Arizona Elektrik, a imamo i odeljenje s televizorima."

Poslah pismo tetki Fransis i, kao što smo svi znali da će, ona se ubrzo oglasi telefonom. Brat šakom pokri slušalicu. „Fransis sa poslednjim izveštajem", reče.

„Džonatane? Ti si vrlo darovit mladić. Samo sam htela da ti kažem da je tvoje pismo bilo prava blagodet. Sva se ozarila kad sam joj pročitala onaj deo o Džekovoj radnji. Odlično bi bilo nastaviti tim putem."

„Pa, nadam se da to više neću morati da radim, tetka Fransis. Nije baš pošteno."

Ona promeni ton. „Je l' ti mati tu? Daj mi je da joj nešto kažem."

„Nije ovde", rekoh.

„Kaži joj da ne brine", reče tetka. „Sirota starica koja joj je uvek želela samo dobro uskoro će umreti."

Ovo nisam preneo majci, za koju bi to bio biser više u porodičnoj antologiji neoprostivih primedaba. No tad sam sam morao da otpatim poruku zbog moguće istine koju je nosila. Svaka strana branila je svoj položaj bujicom reči ali ja, koji sam želeo mir, nalazio sam neuverljiva opravdanja

13

za vakele i prebacivanja kojima su trljale nos jedna drugoj, ne opredeljujući se, kao ni moj otac.

Pre mnogo godina njegov je život zapao u kolotečinu poslovnih neuspeha i promašenih prilika. Velika prepirka između njegove porodice s jedne, i moje majke Rut s druge strane, vodila se oko sledećeg: ko je kriv za to što njegov život ne ispunjava ničija očekivanja?

Što se proročanstva tiče, kad je granulo proleće vide se da je majka bila u pravu. Bakuta još beše živa.

Jedne blage nedelje majka, brat i ja se autobusom odvezosmo na groblje Bet El u Nju Džerziju da obiđemo očev grob. Nalazio se na blagoj uzvišici. Stajali smo i gledali preko valovitih polja sa ukopanim spomenicima. Ovde-onde povorke crnih automobila vijugale su stazama, ili su skupine ljudi stajale nad otvorenim rakama. Po očevom grobu behu zasađene majušne mladice zimzelena, ali nadgrobnog kamena nije bilo. Odabrali smo već jedan i platili ga, a onda su kamenoresci stupili u štrajk. Bez nadgrobnog kamena otac kao da se nije časno upokojio. Činilo mi se da nije dostojno sahranjen.

Majka se upilji u parcelu kraj njegove, namenjene njenom kovčegu. „Oduvek su bili i suviše otmeni za druge ljude", reče. „Čak i u stara vremena u Ulici Stenton. Dizali su nos. Nikad im niko nije bio dovoljno fini. Na kraju ni Džek više nije bio dovoljno fini za njih. Osim da im nabavlja stvari po velikoprodajnoj ceni. Tad je bio dovoljno fini za njih."

„Mama, molim te", reče brat.

„Da sam samo znala. Pre no što sam ga upoznala držao se skuta mamine kecelje. A skuti Esine kecelje bili su kao lanci, ja da ti kažem. Morali smo stanovati tako da budemo blizu njih, zbog poseta nedeljom. Svake nedelje poseta mamale, to je bio moj život. Što god bi dočula da želim, bolji stan, komad nameštaja, leti logorovanje za dečake, odgovarala bi ga. Znali ste oca, o svakoj se odluci moralo razmišljati i premišljati. I ništa se ne bi promenilo. Nikad se ništa ne bi promenilo."

Ona briznu u plač. Posedosmo je na neku klupu u blizini. Brat odšeta i uze da čita imena na nadgrobnim kamenovima. Pogledah majku, koja je plakala, i odoh za bratom. „Mama još plače", rekoh. „Da preduzmemo nešto?" „Sve je u redu", uzvrati on. „Zato je i došla ovamo." „Da", rekoh, a onda mi se jecaj ote iz grudi. „Ali i meni se plače."

Brat Herold me obgrli. „Vidi ovaj stari crni kamen", reče. „Vidi kako je izrezbaren. Možeš da primetiš kako se na spomenicima, baš kao i na svemu drugom, menja moda."

NEKAKO U TO VREME počeh da sanjam oca. Ne onog snažnog oca iz mog detinjstva, zgodnog muškarca zdrave ružičaste kože i smeđih očiju, brkatog, proređene kose s razdeljkom u sredini. Mrtvog oca. Kao, donosimo ga kući iz bolnice. Beše jasno da se vratio iz smrti. Bilo je to divno i veselo. S druge strane, bio je strahovito a tajanstveno oštećen ili, tačnije rečeno, pokvaren i nečist. Smrt ga je užutela i omalaksala, a nije bilo nikakvog jemstva da će uskoro ponovo umreti. On kao da je bio svestan toga i cela mu se ličnost izmenila. Bio je ljutit i netrpeljiv prema svima nama. Pokušavali smo da mu nekako pomognemo, borili se da ga dovedemo kući, ali nešto nas je sprečavalo, nešto što smo morali da popravimo, neka pohabana ručna torba koja bi se naglo otvarala, neka mehanička teškoća: imao je kola, ali nisu htela da krenu; ili su bila od drveta; ili bi mu se odeća, koja mu je postala prevelika, zapetljala u vrata. U jednoj verziji sna beše sav u zavojima, i dok smo mi pokušavali da ga podignemo iz invalidskih kolica i prenesemo u taksi, zavoji počeše da se odmotavaju i zakačiše u palčeve kolica. Ovo nam se učini kao neka nerazumnost s njegove strane. Majka je tužno gledala i pokušavala da ga navede na saradnju.

To je bio taj san. Nikom ga nisam ispričao. Jednom, kad sam se probudio s krikom, brat upali svetlost. Hteo je da zna šta sam sanjao, no ja sam se pravio da se ne sećam. Zbog tog sna se počeh osećati krivim. I u snu sam se, takođe, osećao krivim zato što je razjareni otac znao da ne želimo da živimo s njim. San nas je predstavljao kako ga vodimo kući, ili pokušavamo da ga dovedemo, ali — nekako smo ipak svi prećutno shvatali da će on živeti sam. On jeste bio ta olupina što se vratila iz smrti, a mi, šta smo radili — odvodili smo ga na neko mesto gde će živeti sam, bez ičije pomoći, dok ponovo ne umre.

U jednom trenutku počeh se toliko bojati sna da pokušah da ne spavam. Nastojao sam da mislim na lepe stvari u vezi s ocem i da ga se sećam od pre bolesti. Imao je običaj da me zove „drugar". „Zdravo, drugar", rekao bi kad bi došao kući s posla. Uvek je želeo da idemo nekuda — u radnju, park, na utakmicu. Voleo je da hoda. Kad sam išao s njim u šetnju, govorio bi: „Ispravi ramena, ne poginji se. Glavu gore, i gledaj svet. Hodaj važno!" Dok bi dugim koracima grabio niz ulicu ramena su mu se njihala levo-desno, kao da čuje nekakav crnački ples. Kretao je naglo. Uvek je žudeo da vidi šta je iza ugla.

SLEDEĆI ZAHTEV da napišem pismo podudario se s jednom posebnom prigodom u kući: brat Herold je upoznao devojku koja mu se svidela i nekoliko puta izišao s njom. Sad je dolazila kod nas kući na večeru.

Danima smo se spremali za to, čisteći sve što je bilo na vidiku, praveći veliko spremanje, perući s čaša i boljeg posuđa prašinu koja se nahvatala od neupotrebe. Majka je došla ranije s posla da započne pripreme. U dnevnoj sobi razvukosmo sto na rasklapanje, i donesmo kuhinjske stolice. Majka zastre sto opranim i izglačanim belim stolnjakom i postavi srebrni pribor. Bila je to prva porodična žurka otkako se otac razboleo.

Bratovljeva cura mnogo mi se dopala. To je bila mršava devojka veoma prave kose, i predivnog osmeha. Od njenog prisustva vazduh kao da se komešao. Beše čudesno imati u kući živu devojku, devojku koja diše. Osvrnula se, i rekla ovo: „Oh, nikad nisam videla toliko knjiga!" Dok su ona i brat sedeli za stolom, majka je bila u kuhinji i preručivala jelo u stone činije, a ja sam zujao od kuhinje do dnevne

16

sobe, izigravao konobara s belom salvetom preko ruke, i u visokom stilu razmetljivo položio zdelu boranije na sto. U kuhinji, majčine oči su blistale. Ona me pogleda, klimnu glavom i mičući usnama oblikova reči: „Divna je!"

Brat se dade dvoriti. Strepeo je od onoga što bismo mogli reći. Neprestano je bacao poglede na devojku — Suzen joj beše ime — da vidi da li smo naišli na njeno odobravanje. Radila je u nekom osiguravajućem zavodu i na Gradskom univerzitetu pohađala tečajeve iz računovodstva. Herold je bio strahovito napet, ali i uzbuđen i srećan. Kupio je bio bocu vina od grožđa „konkord" koje je išlo uz pečeno pile. On diže čašu i predloži da nazdravimo. Majka reče: „Za zdravlje i sreću", i mi svi ispismo, čak i ja. U tom času zazvoni telefon te odoh u spavaću sobu da se javim.

„Džonatane. Ovde tetka Fransis. Kako ste svi?"

„Dobro, hvala."

„Hoću da te zamolim za još jednu, poslednju uslugu. Treba mi pismo od Džeka. Tvoja baka je teško bolesna. Hoćeš li moći?"

„Ko je to?" upita majka iz dnevne sobe.

„Važi, tetka Fransis", rekoh brzo. „Sad moram da idem, upravo večeramo." I spustih slušalicu.

„Moj prijatelj Lui", rekoh, sedajući ponovo za sto. „Nije znao koje zadatke iz matiša treba da ponovimo."

Večera je bila izvanredna. Herold i Suzen opraše sudove a kad su završili, majka i ja smo već bili sklopili sto i vratili ga uza zid, a ja sam aspiratorom pokupio mrvice s tepiha. Sedeli smo svi zajedno, razgovarali i neko vreme slušali ploče, a onda brat otprati Suzen kući. Veče je odlično uspelo.

JEDNOM, kad majka nije bila kod kuće, brat i ja otkrismo nešto: pisma od Džeka zapravo i nisu bila potrebna. „Kakav je to ritual?" reče on, dižući dlanove. „Baka je tako reći slepa, napola gluva i mutava. Da li je u takvom slučaju zaista neophodan književni sastav? Da li joj je baš potrebno nešto uverljivo? Zar bi bakuta primetila razliku i da joj se čita telefonski imenik?"

„Zašto je onda tetka Fransis to tražila od mene?"
„To i jeste pitanje, Džonatane. Zašto? Na kraju krajeva, mogla je i sama napisati to pismo, u čemu bi uopšte bila razlika? A ako ne Fransis, zašto ne njeni sinovi, studenti u Amherstu? Dosad su valjda naučili da pišu."

„Ali to nisu Džekovi sinovi", primetih.

„U tome i jeste stvar", reče brat. „U pitanju je *usluga*. Tata je umeo da otegne muda da bi im nabavio stvari po velikoprodajnoj ceni, da bi im sredio neki popust. Fransis od Vestčestera večno je tražila stvari po ceni. I tetka Moli. I muž tetke Moli, i bivši muž tetke Moli. Baka, ako joj je trebalo obaviti neki posao. Vazda su ga potezali radi nečeg. Nikad im nije palo na pamet da je i njegovo vreme važno. Nikad im nije palo na pamet da je za svaku uslugu koju bi mu neko učinio morao uzvratiti na isti način. Kućanski aparati, ploče, satovi, porcelan, ulaznice za operu. Sve što bi im dunulo. Pozovi Džeka."

„On se ponosio ako je mogao nešto da im učini", primetih. „Ako je imao veze."

„Da, pitam se zašto", reče brat. On se zagleda kroz prozor.

A onda mi odjednom sinu da sad mene uvlače.

„Iskoristi malo bolje te svoje vijuge", reče brat.

IPAK, pristao sam da još jedared napišem pismo iz pustinje, te tako i učinih. Pismo poslah tetki Fransis. Posle nekoliko dana, kad sam došao kući iz škole, učini mi se da je vidim kako sedi u kolima pred našom kućom. Vozila je crni Bjuik Roudmaster, veoma velika čista kola s belim gumama. Nije imalo šta da mi se čini: zbilja beše tetka Fransis. Kad me je spazila zasvira u sirenu. Odoh do nje i nagnuh se nad prozor.

„Zdravo, Džonatane", reče ona. „Nemam mnogo vremena. Možeš li da uđeš u kola?"

„Mama nije kod kuće", rekoh. „Radi."

„Znam. Došla sam da razgovaram s tobom."

„Da l' bi došla gore?"

„Ne mogu, moram se vratiti u Larčmont. Možeš li ući na trenutak, molim te."

Uđoh u kola. Tetka Fransis je bila vrlo zgodna žena bele kose, veoma elegantna, i nosila je s ukusom probranu odeću. Uvek mi se sviđala i još kad sam bio dete uživala je u tome da pred svakim ističe kako izgledam pre kao njen sin nego kao Džekov. Sad je nosila bele rukavice, držala volan i, dok je govorila, gledala pravo preda se kao da su kola usred prometa, a ne načočena kraj ivičnjaka.

„Džonatane", poče, „evo tvog pisma na sedištu. Ne treba ni da kažem da ga nisam pročitala baki. Vraćam ti ga i nikad nikome ni reč neću reći. Ovo je samo između nas. Nisam se nadala okrutnosti od tebe. Nikad ni pomislila ne bih da si kadar za nešto tako namerno okrutno i izopačeno."

Ja ne rekoh ništa.

„Tvoja majka je puna gorčine, i sad vidim da je i tebe zatrovala. Oduvek je bila ozlojeđena na porodicu. To je osoba vrlo jake volje, sebična."

„Nije", rekoh.

„Ne bih ni očekivala da se složiš. Izluđivala je sirotog Džeka svojim prohtevima. Uvek je pucala vrlo visoko, a on nikad nije mogao da joj ugodi do kraja. Dok je još imao radnju, držao je pod platom brata tvoje majke, koji je pio. Posle rata, kad je počeo malo bolje da zarađuje, morao je da kupi Rut kratku bundu od kanadske kune, jer ona ju je očajnički želela. On je imao da vraća dugove, ali ona je htela kanadsku kunu. Bio je sasvim poseban čovek, moj brat, trebalo je da postigne nešto posebno, ali on je voleo tvoju majku i posvetio joj život. A sve na šta je ona ikad mislila bilo je — da drži korak s Džonsovima."

Posmatrao sam saobraćaj na Grend Konkorsu. Gomila klinaca čekala je na autobuskoj stanici na uglu. Spustili su knjige na zemlju i jurcali naokolo.

„Žao mi je što sam morala da spadnem na ovo", reče tetka Franisis. „Ne volim da tako govorim o ljudima. Ako o nekome ne mogu da kažem ništa dobro, onda radije ništa i ne kažem. Kako je Herold?"

„Dobro."

„Je l' ti on pomogao da napišeš to krasno pismo?"

„Nije."

Časak kasnije ona upita mekšim glasom: „Pa, kako živite?"

„Dobro."

„Pozvala bih vas za Pesah kad bih znala da će tvoja majka prihvatiti poziv."

Ne odgovorih.

Ona uključi motor. „Sad ću ti reći zbogom, Džonatane. Uzmi svoje pismo. Nadam se da ćeš odvojiti malo vremena da porazmisliš o tome šta si uradio."

TE VEČERI kad je majka došla s posla uočih da nije zgodna kao tetka Fransis. Obično sam mislio da je mama lepuškasta žena, no sad videh da je debeljuškasta i da joj je kosa nikakva.

„Zašto pi ljiš u mene?" upita ona.

„Ne piljim."

„Saznala sam danas nešto zanimljivo", reče majka. „Možda bismo mogli dobiti penziju od Uprave za veterane, pošto je tvoj otac proveo neko vreme u mornarici."

Ovo me silno začudi. Nikad mi niko nije rekao da je otac bio u mornarici.

„U prvom svetskom ratu", reče ona, „otišao je na Vebovu Pomorsku akademiju na Harlem Riveru. Obučavao se za poručnika korvete.[1] Ali rat se završio i on nikad nije dobio naimenovanje."

Posle večere sve troje pretresosmo ormane tražeći očeva dokumenta, u nadi da ćemo naći neki dokaz koji bi se mogao podneti Upravi za veterane. Ispovrtesmo dve stvari, spomenicu Pobede, za koju brat reče da ju je dobio svako ko je tokom velikog rata bio u službi, i jednu zbunjujuću fotografiju boje sepije na kojoj su se videli otac i njegovi drugovi-mornari na palubi nekog broda. Bili su odeveni u zvoncare i majice i naoružani ožiračama i vedrima, metlama i četkama.

---

[1] *Poručnik korvete* (engl. ensign). Najniži oficirski čin u američkoj mornarici. *(Prim. prev.)*

„Uopšte nisam znao", uhvatih sebe gde govorim. „Uopšte nisam znao."

„Ne sećaš se", odgovori brat.

Uspeh da prepoznam oca. Stajao je na kraju reda, suvonjav, zgodan momak, kosa gusta, brkovi, i pametno, nasmešeno lice.

„Imao je pošalicu", reče majka. „Svoj školski brod su zvali *Tvrda stolica*, jer se nikad nije pomerio s mesta." Ni spomenica ni slika nisu bile dokazi ni za šta, no brat pomisli da bi kopija očeve knjižice morala biti negde u Vašingtonu i da samo treba dokučiti kako da se nađe.

„Penzija ne bi iznosila mnogo", reče majka. „Dvadeset ili tredeset dolara. Ali svakako bi nam pomogla."

Uzeh sliku na kojoj su bili otac i njegovi drugovi s broda, i podržah je ispred svetiljke kraj postelje. Zagledah se u njegovo mladalačko lice i pokušah da ga dovedem u vezu s ocem kakvog sam poznavao. Dugo sam gledao sliku. I tek potom, postepeno, moje je oko poveza s kompletom velikih pomorskih romana na najnižoj pregradi korak-dva udaljene police s knjigama. Otac je taj komplet dao meni: knjige su bile jednoobrazno ukoričene u zeleno sa zlatotiskom, i obuhvatale dela Melvila, Konrada, Viktora Igoa i Kapetana Marieta. A povrh knjiga, sabijen pod ugnutom gornjom pregradom, ležao je stari brodski teleskop u drvenoj kutiji s bronzanim zaporom.

Pomislih koliko sam glup, neuviđavan i samoživ bio što, dok je otac još živeo, nikad nisam shvatio njegov životni san.

S druge strane, u svom poslednjem pismu iz Arizone — onom što je onako gadno razljutilo tetku Fransis — napisao sam bio nešto što bi mi, kao piscu u porodici, dopustilo da ublažim svoj sud o sebi. Završiću time što ću ovde navesti to pismo u celini.

*Draga Mama,*

Ovo će biti moje poslednje pismo tebi, jer lekari su mi rekli da umirem.

Prodao sam radnju uz odličan profit i šaljem Fransis ček na pet hiljada dolara da ih položi na tvoj račun. Poklon od mene, Mamale. Nek ti Fransis pokaže uložnu knjižicu.

21

Što se vrste moje boljke tiče, lekari mi nisu rekli šta je posredi, ali ja znam da umirem, naprosto, od pogrešnog života. Uopšte nije trebalo da dolazim u pustinju. Nije to mesto za mene.

Rekao sam Rut i dečacima da moje telo spale a pepeo prospu u okean.

*Voli te tvoj sin,*
*Džek*

# VODOVOD

# VODOVOD

Došla sam ovamo idući za svojim čovekom. Sve što je činio za mene beše tajanstveno, a njegova sklonost prema Vodovodu ovog novembarskog dana ništa manje. Četvrtasta, granitna građevina, s kulama na uglovima, čvrsto se uzdizala kraj rezervoara na visoravni s čije se severne strane pružao pogled na grad. Beše na građevini mnogo prozora kroz koje svetlost, međutim, kao da nije prolazila. Ugledah iza sebe odraz neba, komešanje ustalasanih oblika sivila koji se valjaju kroz svodove ružičastog sunčevog zalaska, s crnim kišonosnim oblacima što kao kakva armada plove iznad svega.

Njegova kola su ostala u prednjem dvorištu. Konj je udarao kopitom po kamenitom tlu, okretao glavu i gledao me.

Rezervoar iza građevine, površine od oko pet-šest gradskih blokova, nalazio se u krateru nasipa koji se od zemlje uzdizao pod uglom koji je podsećao na piramidasti plato neke drevne civilizacije, civilizacije Maja, možda. Nedeljom, kad je bilo toplo, ljudi iz grada dolazili bi ovamo i pentrali se uz nasip i dozivali jedni druge kad bi se popeli i ugledali četvrtasto prostranstvo vode. Danas je ono bilo samo njegovo. Začuh žestoko gruvanje talasa, uporno pljuskanje valova o oblutke.

Smrkavalo se, a on stajaše napolju, daleko; pomno je posmatrao nešto na vodi, moj crnobradi kapetan. Pridržavao je obod šešira. Vetar zahvati peš njegovog dugačkog kaputa i pribi mu ga uz nogu.

Bejah sigurna da zna da sam tu. Zbilja, nekoliko dana sam po njegovim radnjama naslućivala neku ludu mogućnost zajedništva, kao da se u svoje poduhvate upuštao radi naše zajedničke koristi. Popeh se na nasip stotinak jardi istočno od njega i okretoh licem prema vetru da vidim šta mu je to privuklo pažnju.

Beše to brodić-igračka pod jedrima, koji se dizao i spuštao u silnoj uzburkanosti, opasno se naginjući na stranu, iščezavajući i ponovo se pojavljujući, sav naheren, dok mu se voda slivala niz bokove.

Posmatrao ga je nekoliko minuta. Nestajao je, pa se izdizao i ponovo nestajao. Beše u tome nekog ritma koji je uspavljivao opažanje, te prođe nekoliko trenutaka pre no što shvatih, očekujući da se izdigne, da uzalud čekam. Katastrofa me pogodi posred grudi, kao da sam stajala na nekoj litici i gledala kako more odnosi jedrenjak.

Kad sam se setila da potražim svog čoveka, on je već trčao preko širokog šanca od utabane zemlje koji je vodio do zadnjih kapija Vodovoda. Uputih se za njim. U zgradi osetih studen grobnog zraka i čuh orkestar vode koja je, padajući, hučala i šiktala. Strčah niz jedan kameni hodnik i stigoh do drugog iz kojeg se moglo proći i levo i desno. Oslušnuh. Jasno sam čula njegove korake, metalno lupkanje potpetica koje je odzvanjalo s desna. Na kraju mračnog kanala nalazilo se gvozdeno stepenište podignuto u krug oko crne čelične osovine. Kretoh naviše, uokolo, i stigavši na gornji sprat naiđoh na vidik koji se s nogostupa otvarao na veliki unutrašnji bazen uzmućene vode. Pakleno bućkanje raspršivalo se u mineralnu maglu, kao u kakvo peto stanje, koja je bila hrana obilju mulja i mahovine što je rasla po pocrnelom kamenom pročelju udaljenog zida.

Iznad mene beše tavanični prozor s providnim staklom. U njegovoj nejasnoj svetlosti otkrih ga ni pet koraka od mesta na kojem sam stajala. Nagnuo se bio preko ograde sa izrazom najstrahovitije zadubljenosti. Pomislih da će se prevaliti, toliko je nesvestan sebe izgledao u tom trenu. Beše mi gotovo neizdrživo da ga vidim tako uzbuđenog. Zato ponovo potražih šta on to gleda, i tamo dole, u sudaranju žutih penušavih struja i vode koja je uranjala u svoj mehanički ham, jedno malo ljudsko telo beše sabijeno uz mašineriju jednih vrata ustave, odeća mu se zakačila za neku šarku, valjda, te je dete, jer beše sićušno kao i onaj brodić u rezervoaru, plutalo udarajući najpre na jednu, pa na drugu stranu, kao u kakvoj nemoj pobuni, drhteći, tresući se i oživljujući svojim obrtanjem smrt koja ga je već bila ugrabila. Neko je vikao i časak kasnije spazih, kao da su se od kamena odvojili, tri uniformisana čoveka kako lebde na donjem podboju. Bili su dobro upućeni u ovakve stvari. Spuštali su uže namotano na kotur pričvršćen na udaljeni zid i tako pomicali uže za vuču prikačeno uza zid iza mog nogostupa tako da ništa nisam mogla da vidim. No sad je ušao u vidokrug još jedan od radnika Vodovoda, okačen stopalama o remenik, ruku ispruženih u čekanju da ga postave gde treba kako bi mogao osloboditi tok od prepreke.

A onda ga dokači, diže iz vode držeći ga za košulju, derana, moglo mu je biti između četiri i osam godina, rekla bih, pomodrelog, a potom ga uhvati za članke i cipele; i tako okačeni, obojica, vraćahu se njišući se ritmički preko brzih struja, kao da izvode akrobacije na trapezu, dok mi se ne izgubiše iz vida.

Upitah se, možda zbog uvežbanosti njihovog manevra, nisu li radnici Vodovoda navikli na slične smetnje. Posle nekoliko minuta, u dvorištu, pod potamnelim nebom, posmatrala sam svog čoveka kako tovari umotani leš u kola, kako oštro zatvara vrata pa potom skače na visoko sedište, odakle je cimajući uzde širokim zamahom upravljao konjem. I ode, od sjajnih crnih palčeva na točkovima osta nejasni krug dok je mrtvo dete punom brzinom odvoženo u grad.

Poče kiša. Vratih se unutra i osetih pritisak sveta vode, unutra i napolju, nad mrtvima i živima.

Radnici Vodovoda delili su neko blago između sebe. Nosili su tamnoplavu radnu odeću s visokim okovratnicima namenjenu gradskim službenicima, ali poboljšanu grubim džemperom pod bluzom, a pantalone su bili utakli u visoke čizme. To tu nije bio neki zavisti vredan posao. Lako sam i u ljudskim plućima zamišljala isto ono bilje kojim je bio obrastao kamen. Lica im behu sjajna i rumena, studen im je terala krv na površinu, a magla dovela kožu do visokog sjaja.

Spaziše me i izvedoše veliku predstavu kako ih nije briga. Načeše viski i nališe ga u limene čaše. Takvo negovanje rituala postoji još kod vatrogasaca i grobara.

# VIII

# VILI

JEDNOG PROLETNJEG DANA odšetah do livade iza staje i osetih kako oko mene polja odišu isparenjima, trave vlažnim miomirisima, i zamislih da se to duša zemlje diže prema toplini sunca i odnosi me u božanski zagrljaj. U zlatnim bojama livade sena, u plavetnilu neba, bilo je takvog blistavog uverenja da ne mogoh a da se ne smejem. Bacih se dole na travu i raširih ruke. Smesta padoh u trans a ipak ostah neverovatno svestan, te ne samo što sam video, nego sam i osećao postojanje svega na šta mi je pao pogled. Deca prirodno zapadaju u takva stanja. Bejah u sazvučju sa zujanjem vasione, postah neraspoznatljiv od svemira u velikom savezu prirodnog otkrovenja. Videh pospane mušice kako se propliću s travkama i ostavljaju svetlucave mreže beskrajno tananih niti, tkiva tako gustog da ga je dah tla odizao blago ga nadimajući. Sićušni mileći stvorovi na slamkama kretali su na daleke odiseje, na životna putešestvija, tik pred mojim očima. Ipak, nisam ni pomišljao na čudo, čudo mikroskopskog osećaja. Razmer tog svemira nije bio značajan, a najmanje najave energije behu usklađene sa suncem, koje je poput egipatskog oka lebdelo među vlatima i osvetljavalo ih kao što i zemlju osvetljava, po polutkama. Seno beše poleglo poda mnom te se na polju uobličio obris mog tela, raširenih ruku, nogu, prstiju, i ja shvatih da je moje biće proizvoljni oblik koji je neka sila odabrala kao način da opšti sa mnom. I sama pomisao na glavu, udove i telo bila je stvarna samo kao čin opštenja, i ja osetih sebe u bockanju ulegle trave a osećaj nameta beše strahovit, buđenje, uzdizanje ovog dela sveta za koji sam zbog nečeg bio

31

trenutno odgovoran, koji mi se davao u posed. I ja ustah i činjaše mi se da jezdim po sunčevim ravnicama čiju sam tananu slojevitost osećao, naizmenično s tankim redovima vlažnih mirisa zemlje. I postav nevidljiv kroz to otkrovenje, stigoh do staje i ispitah joj pročelje, stojeći licem uz okrečenu belinu njegovog bleska kao pas ili mačka kad stoje njuške zabodene u vrata dok neko ne naiđe i ne pusti ih napolje. I kretoh duž beloga stajskog zida idući postrance dok ne stigoh do prozora koji je bio puki kvadrat bez stakla a mogao se osetiti samo po geometrijskoj svežini zapremine vazduha, jer unutra beše crno. I stajah tamo, kao u ušću vakuuma, i osetih kako se nematerijalno biće sunčane livade uvuče mimo mene u staju, poput provale bujice svetlosti u pomrčinu, i života u smrt, a ja sam, sav se raspav u toj silini bejah poput pleve s polja usisan u tu tutnjavu. A opet, ostah gde sam bio. I u potpuno normalnom prostornom odnosu s onim što me je okruživalo osećao sam blagu sunčevu toplotu na leđima i svežinu prohladne staje na licu. A ono vetrovito vasionsko hučanje u mojim ušima suzilo se i pretančalo u jednu prepoznatljivu frekvenciju, frekvenciju pulsirajuće pesme žene u ljubavnom činu, dahtanje i nota i dahtanje i nota jedne pomamne partiture. Oslušnuh. I pritisnut suncem, kao da je ono ruka na mom zatiljku, proturih lice u portal prohladne tame i moje oči, više nezaslepljene sunčevom svetlošću, ugledaše na slami i u balezi moju majku, razgolićenu, u pozi krajnje uniženosti, telo, pocrvenelo bezglavo telo, glava obavijena njenom odećom, sve ispremeštano kao vetrom posuvraćeno, sav red, istina i razum, i ta oskrnavljena mama žestoko je igrala svoju oskrnavljenost i bila naterana da je peva. Kako da opišem šta sam osetio? Osetio sam da sam zaslužio da to vidim! Osetio sam da je to moj trijumf, ali osetio sam se čudovišno izneverenim. Osetio sam da je iz mene odjednom iščilela snaga da stojim. Okretoh leđa i srozah se niza zid ispod prozora u sedeći položaj. Srce u grudima tuklo mi je u odvratnom taktu njenih krikova. Htedoh da ga ubijem, tog ubicu moje majke koji ju je upravo ubijao. Htedoh da skočim kroz proprozor i zarijem mu vile u leđa ali hteo sam da je on i dalje ubija, hteo sam da je on i dalje ubija umesto mene. Hteo sam da budem on. Legoh na zemlju i obujmivši glavu mišicama, sklopljenih šaka i ukrštenih stopala, skotrljah se niz padinu iza staje, kroz travu i otkose sena. Spljoštih seno poput mehaničkog valjka neukrotive siline koji se brzo, sve brže kotrlja preko stena, kroz potoke, kroz brazde i preko džombi neravne nesavršene raspukle neujednačene zemlje, a sunce mi je, u svagdanjoj prešnosti, sevalo u zatvorene oči kao da su se vreme i planeta izmakli kontroli. Što i jesu. (Prisećam se tih stvari danas, kad sam stariji no što je bio moj otac kad je umro, kad je žena godinâ moje majke u vreme svih tih događaja za mene mlada ženica ni upola stara kao ja. Kakvo je neverovatno dostignuće mašte naučni um! Za polaznu tačku uzimamo iskustveni svet, pa kako onda mogu biti ovde, za ovim radnim stolom u ovoj sobi — i ne biti ovde? Ako je sećanje stvar draženja toliko-i-toliko ćelija u mozgu, onda što je jača draž — kajanje, priznavanje sudbine — to potpuniji i snažniji postaje osećaj sećanja sve dok ne dođe do prenošenja, kao u vremeplovu, i sećanje u ontološkom smislu ne postane druga stvarnost.) Tata, vidim te sad u svetu koji si sam stvorio. Koračam uglačanim patosom tvoje kuće i sedam za tvoju trpezu. Osećam rese stolnjaka na svojim kolenima. Svetlost velikog svećnjaka osvetljava tvoja nasmešena usta sa krupnim zubima. Primećujem na tvom vratu izbočinu od utisnutog okovratnika košulje. Ružičasta koža tvoje lobanje viri ispod kratke, po nemački podšišane kose. Vidim tvoju glavu uzdignutu u razgovoru i tvoju belu jedru šaku kako završnim gestom nešto dokazuje tvojoj supruzi na drugom kraju stola. Mama je tako pažljiva. Plamen sveće gori u njenim očima i ja zamišljam groznicu u njima, ali ona je sasvim spokojna i ozbiljna, zaokupljena onim što ti kažeš. O njen dugački, veoma beli vrat okačen je tanki lančić sa kojeg na tamu njene skromne haljine visi kameja krem boje, rezbareni profil druge neke otmene gospe iz drugog nekog doba. U njenom vratu meko bije sporo bilo. Njene male šake su prekrštene a kosti njenih ručnih zglobova izranjaju pod dodirom čipke orukavlja. Ona ti se smeši kao tvoje voljeno vlasništvo, ponosna na tebe zadovoljna što je tvoja, i što je gospodarica ove kuće, i mati ovom dečaku. Mog kućnog učitelja koji preko puta mene za stolom i dokono vrti nogu svoje vinske čaše i pogléda na nju jedva je svesna. Njene oči postoje za njenog muža. Sad mislim, Tata, da su njena osećanja u ovom trenutku iskrena. Sad znam da u svakom trenutku postoji jedno verovanje i da je ono što zovemo izdajstvom verovanje od nekog trenutka, želja da on bude to što izgleda da jeste. Moguće je u radosti voleti osobu koju si izneverio, i biti okrepljen u svojoj ljubavi prema njoj, sasvim je moguće. Ljubav obnavlja sva lica i običaje i ideale i čini da zablistaju rešetke tamnice. Ali kako jedan dečak to da zna? Otrčao sam u svoju sobu i čekao da neko pođe za mnom. Ko se god usudi da mi kroči u sobu, nasrnuću — izbubetaću ga. Želeo sam da to bude ona, želeo sam da mi dođe ona, da me zagrli i uzme mi glavu u ruke i poljubi me u usta kao što je volela da čini, želeo sam da ispušta one nemušte glasove utehe kao kad me je privijala uza se kad bih se povredio ili bio nesrećan, a kad to učini — da je izudaram pesnicama, oborim na pod i gledam je kako bespomoćno diže ruke od užasa dok je tučem i ritam i skačem po njoj i isterujem joj dah iz tela. Ali, moj kućni učitelj beše taj koji je nešto kasnije odškrinuo vrata, zavirio unutra s rukom na kvaki, nasmešio se, rekao nekoliko reči i poželeo mi laku noć. On zatvori vrata i ja ga čuh kako se penje stepenicama na gornji sprat gde su se nalazile njegove odaje. Ledig se zvao. Bio je hrišćanin. Gledao sam, ali nisam uspevao da na njegovom licu otkrijem ni traga samozadovoljstva niti zlobne oholosti ili okrutnosti. Kod njega nije bilo ničeg neotesanog, ničeg što bi me iole moglo uvrediti. Bilo mu je tek dvadeset godina. Učini mi se čak da sam u njegovim očima primetio izvesnu patnju. On i inače obično beše setan i dok bi mi držao časove često bi odlutao duhom, zurio kroz prozor i uzdisao. Beše đače isto koliko i njegov učenik. Prema tome, najrazboritije je bilo uzdržati se od osuđivanja, pustiti vreme da teče, razmisliti, uzmoći shvatiti. Niko nije znao da ja znam. Mogao sam se opredeliti na tu stranu. No da li sam? Oni su moj položaj učinili neizdržljivim. Dato mi beše dvojako viđenje, onakvo kakvo stiže sa strahovitim udarcem. Otkrih da nikako ne mogu izići nakraj sa svojom dragom slatkom obzirnom majkom. Otkrih da ne mogu podnositi blagu pedagogiju svog kućnog učitelja. Kako se, u onoj seoskoj izdvojenosti, moglo od mene očekivati da istrajem? Nisam imao drugova, nije mi bilo dopušteno da se igram s decom seljaka koji su radili za nas. Imao samo to trojsvo Majke i Kućnog učitelja i Oca, to nesveto trojstvo obmane i neukosti koje me je u mojoj trinaestoj godini izopštilo iz mog života. Po kalendaru tradicionalnog judaizma to je, jasno, godina u kojoj dečaka uvode u muževnost.

Moj se otac dotle trudio oko tekovine svog života vodeći imanje po najmodernijim načelima naučnog upravljanja, zapanjujući svoje seljake i ljuteći svojim uspehom ostale zemljoposednike u oblasti. Sunce mu je odgajalo useve, Galicijsko poljoprivredno društvo dalo nagradu za kvalitet mleka, i on je živeo u stanju trajnog zadovoljstva datog pojedincima koji su više nego dorasli životu za koji su se opredelili. Prisajedinjavao sam ga svetu džinovskih sila koji sam ja, dečak, doživljavao kroz smene godišnjih doba. Gledao sam kako se krave vode biku, posmatrao kobile kako se ždrebe, video život kako kreće iz jajeta i razmnožavnih čudesa kaljuga i ribnjaka, piktije i sluz života kako svetlucaju u bremenitom iščekivanju. Gde god bih pogledao, život je izvirao iz nečeg što nije život, insekti su se odmotavali iz čaura na površini ustajalih voda i smesta kretali u potragu za večerom, sve što bi nastalo smesta je znalo šta da čini i činilo to nezapanjeno onim što jeste, nezadivljeno time gde je, velika zemlja istiskivala je okrvavljenu novorođenčad iz svake pore, svake ćelije, rađajući raznoličje same sebe iz svake zamislive materije koju je u sebi sadržala, terajući izdanke života što lete ili mašu krilima na vetru ili se razduvavaju s planina ili pripijaju uz vlažnu crnu donju stranu stena, ili plivaju ili sisaju ili riču ili se nemo dele na dvoje. U sve to smestio sam svog oca kao vlasnika i upravitelja. On je živeo u svetu džinovskih sila tako što ga je razumevao i naterivao ga da mu služi, koristeći za svoje useve dnevno sunce i gajeći ono što se prirodno gaji, te sam ga ja u tom svetu razaznavao kao božje oko u kraljevstvu, um koji donosi red i svemu daje vrednost. Voleo me je, i ja i dan-danji mogu da osetim zadovoljstvo koje me je ispunjavalo kad bih ga zasmejao, i možda ne obmanjujem sebe kad se sećam opipa njegovog neobrijanog obraza na mojoj dečjoj ručici, vinskog vonja njegovog daha, mirisa duvana u gustoj talasastoj kosi ili njegovog podsmešljivo-začuđenog, luckasto-srećnog izgleda dok bismo se zajedno igrali. Imao je blisko usađene oči boje tamnoga grožđa koje su se prilikom naših igara široko otvarale. Smejao bi se poput konja i pokazivao krupne bele zube. Beše jak čovek, zdepast i snažan — građa koju sam nasledio — a izronio je kao siroče iz sokaka kosmopolitske istočne Evrope, poput Darvinovih vodozemaca iz mora, i od sebe napravio zemljoposednika, supruga i oca. Beše Jevrejin koji ne govori jidiš, i zemljoradnik odrastao u gradu. Nije mi bilo dopušteno da se igram sa seoskom decom niti da pohađam njihove prostačke škole. Živeli smo sami, odvojeni na našem posedu, on ni Jevrejin ni hrišćanin, ni prijatelj ni molitelj Austrougara, nego gord na svoje samoizgrađeno ja. Ni do dana današnjeg ne znam kako je to postigao niti koja ga je pomamna žudnja navela da ne prizna nikakvo razvrstavanje koje društvo nameće te da živi kao neka nepravilnost, nevezan za prošlost u jednom svetu koji, kako se ispostavilo, nije imao budućnosti. No uliva mi strahopoštovanje što je uspeo u tome. Zato što se u životu držao uspravno bio je izložen mačevima mongolskih konjanika, kosama pobunjenih seljaka, smrknutim veđama čudovišnih bankara i krstastim kretnjama prelata. Zbog njegove osionosti pretila mu je nagomilana moć svekolike evropske povesti koja je bila spremna da mu smakne glavu, da je nabije na kolac, a njega da pretvori u strašilo na njegovim poljima, s rukama kruto ispruženim put života. Ali kad je kucnuo čas tog preobražaja, on se izvršio sasvim lako, rečju iz usta njegovog sina. Ja bejah posrednik njegovog sloma. Poreklo i mit, kultura, povest i vreme ironično su se stekli u obličju njegovog rođenog dečaka.

NEKOLIKO DANA držao sam je na oku. Pamtio ospe strasti na njenoj puti. Toliko sam se stideo sebe da mi je neprestano pripadala muka, a to beše najneodređenija, naj-rasplinutija mučnina, mučnina krvi, mučnina kosti. Noću u postelji beše mi teško da dišem, a preplavljivahu me straho-viti talasi groznice i ostavljahu sprženog u mom užasu. Ni-sam mogao da proteram iz svesti sliku njenog svaljenog te-la, širokih belina, njena obuvena stopala u zraku; terao sam je da svake noći ushićeno vrišti u mojim snovima i jedne zo-re probudih se u vlastitoj mezgri. Zbog tog sam se obrata i prelomio, jer iz straha da me ne uhvate sluškinja ili majka, iz straha da me svi oni ne uhvate kao pra-krivca iz mojih snova, otrčao sam njemu, otišao sam mu po oproštaj, ispo-vedio se i predao na milost i nemilost. Tata, rekoh. Bio je dole kraj štenara sparujući dve vižle. Tu je rasu koristio za lov. Sklepao je bio neku vrstu hama za kuju da se ne bi ote-la, nešto kao sramni stub, a ona je upravo ispuštala straho-vit urlik i, premda je njen rep odavao da je popustljiva, iz-micala je zadnjicu pred ubodima ukrućenog mužjaka koji se penjao i nabijao i promašivao i ponovo se penjao i nije uspevao da je zadrži na mestu. Otac je udarao pesnicom desne ruke u dlan leve. Uturi joj, vikao je, hajde, tu ga uba-ci, zbiči joj ga. Onda mužjak pogodi i parenje otpoče, ženka se ukipila, sline joj kaplju iz čeljusti, povremen cvilež otima se iz nje. A tad mužjak svrši, i osta s prednjim šapama na njenim leđima, dašćući isplažena jezika, i oboje, kako to psi već čine, čekahu na splašnjavanje. Otac kleče kraj njih i umi-ri ih blagim rečima. Dobre kuce, reče, dobre kuce. Moraš paziti na njih u ovom času, reče mi, pokušavaju da se prera-no razdvoje a to ih boli. Tata, rekoh. On se okrete i pogleda me preko ramena klečeći kraj kerova, i ja spazih njegovu sreću, i nadzemaljsku lepotu njega u radnim pantalonama uvučenim u crne jahaće čizme, i s razdrljenom košuljom i kudravim crnim maljama na prsima koje su mu sezale do grla, i rekoh, Tata, njih treba nazvati Mama i Ledig. A po-tom se okretoh tako brzo da se čak i ne sećam kako se pro-menio u licu, nisam čak sačekao ni da vidim da li me je ra-zumeo, okrenuo sam se i otrčao, ali u jedno sam siguran — uopšte nije povikao za mnom.

Beše jedna sunčana odaja u našoj kući, neka vrsta zimske bašte sa jednim spoljnim zidom staklenim i kosom tavanicom od zelenog stakla u čeličnom okviru. Bila je to veoma raskošna postavka u toj oblasti, i majčino omiljeno boravište. Napunila ju je biljkama i knjigama, i volela da u toj odaji leškari na šezlongu, čita i puši cigarete. Tamo je zatekoh kao što sam i znao da ću, i upiljih se u nju s čuđenjem i opčinjenošću jer znao sam šta je čeka. Bila je neverovatno lepa s tamnom kosom razdeljenom po sredini i pozadi vezanom u punđu, šaka majušnih, a brade ljupko punašne, pod bradom tek naznačeni podvaljci, kao neki mali nehaj u njenom karakteru. No čovek se ne zadržava tako rado na ovome koliko na njenom vratu, veoma lepom i tankom, ili na visokom, skromno odevenom poprsju. Čovek nerado gleda znake budućnosti. Pošto je to bila moja majka, nikad mi nije padalo na pamet koliko je godina mlađa od oca. Oženio se njome još kao gimnazijalkom; bila je najstarija od četiri kćerke i njeni su roditelji jedva čekali da je udome bogato i srećno, a to je ono što nudi zreo čovek. Ne znači to da roditelji nisu svesni erotske strane koju takva vrsta braka ima za muškarca. Potpuno su je svesni. Ispravnost, pristojnost, uvek su vrlo svrsishodni. Zurio sam u nju s čuđenjem i strahopoštovanjem. Pocrveneh. Šta? reče ona. Spusti knjigu, nasmeši se i ispruži ruke. Šta, Vili, šta je? Padoh joj u naručje i počeh da jecam, a ona me zagrli i moje suze natopiše njenu tamnu haljinu. Držala je moju glavu i šaputala, Šta, Vili, šta je to s tobom, jadni Vili? Potom, osetivši da su moji jecaji postali histerični, da gubim dah, ona me odmače ispruživ ruku — s mene su kapale suze i sline — a oči joj se razrogačiše od istinske uznemirenosti.

Te noći začuh iz spavaće sobe sablažnjive uzbudljive zvuke njenog razvrgnuća. Takve užasne zvuke udaraca po telu čuo sam bio u Berlinu posle rata, kad su frajkorski tabatori nasrtali po ulicama na kurve koje su izvukli iz burdelja, trgali odeću s njih i treskali njihovim telima po kaldrmi. Uspravih se u postelji, jedva kadar da dišem, prestrašen, ali osećajući neporecivo uzbuđenje. Zbiči joj ga, mrmljao sam, tukući pesnicom po dlanu. Zbiči joj ga. No potom to više nisam mogao da izdržim te utrčah u njihovu sobu i stadoh između njih, podigavši s postelje majku koja je vrištala, držeći je u naručju, vičući na oca da prestane, da prestane. No on me obiđe i jednom rukom dočepa je za kosu a drugom raspali posred lica. Razjarih se, odgurnuh je unazad i skočih na njega, gruvajući ga pesnicama, vičući da ću ga ubiti. Ovo se desilo u Galiciji, godine 1910. Sve se to kad-tad moralo raspasti, čak i bez mene.

# LOVAC

# LOVAC

GRADIĆ se terasasto spušta s brega, duž reke, fabrički gradić s šindrom pokrivenim kućama i javnim zgradama sa oplatom od crvenog kamena. U njemu je biblioteka, cela u jednoj sobi, zvana Liceum. Ima i nekoliko krčmi smeštenih u nekadašnje kuće s verandom, u prozorima spreda vise neonske reklame Miler i Bad. Dole, na obali, leži stara livnica bronze, izdužena dvospratnica od opeke s kulom na jednom kraju, iza zaključane ograde je, a mnogi prozori na njoj su razbijeni. Reka je zaleđena. Gradić je zavejan novim snegom. Duž uličnih ivičnjaka sneg nagomilan ove zime dopire čoveku do ramena. Iz kućnih dimnjaka kulja dim koji brzo biva uvučen u nebo. S reke se diže vetar i uz breg briše između kuća.

Školski autobus probija se kroz uske ulice na bregu. Majke i očevi stoje na verandama i odozgo motre kako autobus skuplja njihovu decu. To je jedina stvar koja se kreće u gradiću. Očevi tovare naručja drvima za loženje naslaganim pred ulaznim vratima i vraćaju se unutra. U šumi iza kuća crne se drveta; crne se spram snega. Vrabac i zeba prelecu s grane na granu i šušure perje da održe toplotu. Lepršavo sleću na zemlju i skakuću po sleđenoj snežnoj kori ispod drveća.

Deca ulaze u školu kroz veliku hrastovu kapiju s ručkama za guranje. To nije neka prostrana škola, ali njene razmere, četvrtaste i visoke, takve su da stvaraju šuplje odaje i zvonke stepenišne prostore. U svojim redovima deca sede prekrštenih ruku i gledaju učiteljicu. Ona je raspoložena i prijatna. Ovde je taman toliko dugo da se njena neskromna želja da preobrazi ovu decu pretvorila u straho-

43

poštovanje pred onim što su. Lišca su im ojedena od hladnoće; osetljovost njihove svetle kože vidi se po crvenim mrljama na obrazima i plavetnom bledilu očnih kapaka. Njihovi očni kapci su prozračne opne, tako tanke i nežne da se ona pita kako deca uopšte spavaju, kako uspevaju da ne vide i kroz zatvorene oči.

Ona im veli da je srećna što ih vidi ovde po tako hladnom vremenu, kad dolinom briše oštar vetar a stiže i novo nevreme. Počinje dnevni rad gimnastikom, tera ih da čuče i pregibaju se i skaču i mašu rukama i prave kolutove tako da mogu videti kako svet izgleda stubokom okrenut. Kako izgleda? viče ona, probajući i sama, praveći kolutove na strunjači dok joj se ne zamanta.

Nisu živnuli, ali vežbanje im je izoštrilo pažnju za njeno raspoloženje. Gledaju je ljubopitni šta sad sledi. Ona ih izvodi iz male, mutno osvetljene gimnastičke sale i provodi kroz prazne hodnike, uz i niz stepenice, govoreći im da su oni izgubljena patrola u pećinama jedne planete negde daleko u svemiru. Sad traže znake života. Tumaraju nekorišćenim učionicama gde s jednog čavlića vise crteži nacrtani olovkom, a plutane ploče su se izvile iz okvira. Gledajte, viče ona, dižući crvenu dečju gumenu čizmicu, izvučenu iz dubina učioničkog plakara. Nikad se ne zna!

Kad siđu u podrum, domara zadremalog u njegovom odeljenjcu naglo budi skupina dece koja pilje u njega. Domar je krupni bradonja, nosi radne pantalone i crvenu kariranu vunenu košulju. Učiteljica ga nikad nije videla ni u čemu drugom. Lice mu je zaraslo u sede čekinje. Mi smo izgubljena patrola, kaže mu ona, da li ste tu negde videli neka živa stvorenja? Domar se mršti. Šta, kaže. Šta?

U podrumu je toplo. Velika peć bruji od potmulog tutnjanja. Ona ga tera da otvori vratašca peći da deca mogu videti izvor toplote, vatru u ognjištu. Poziva svako dete da ubaci pregršt uglja kroz vratašca. Deca to čine kao sakrament.

Zatim ona navaljuje na domara da otvori ostave i staru kuhinju sa ručaonicom, i tu primećuje kutije pune limenki neutrošenih supa u kesicama a potom i velike lonce i kaza-

ne od debelog aluminijuma i gomilu naslaganih metalnih
poslužavnika sa odeljcima za jela. Ej, to ne možete uzeti,
veli domar. A što da ne, uzvraća ona, ovo je njihova škola,
zar ne? Svakom detetu daje po poslužavnik ili lonac i deca
trupkaju uz stepenice lupajući pesnicama po posuđu ne bi li
zastrašila stvorenja vlažne puti, kolutavih očiju i mesnatih
rogova koja možda čuče vrebajući iza ugla.
    Poslepodne je već mrak, i školski autobus prihvata de-
cu na parkingu iza zgrade. Nove ulične svetiljke koje su
postavili oni iz okruga zrače ćilibarskom svetlošću. Žuti
školski autobus dobija pri toj ćilibarskoj svetlosti boju tam-
nog žumanceta. Dok odlazi, deca se, lica neraspoznatljivih
iza prozora, okreću i pilje napolje u mladu učiteljicu. Ona
maše, prsti joj se sklapaju i rasklapaju poput zalepršanog
krila. Autobuski prozori klizeći promiču, lomeći, i iznova
sastavljajući njenu sliku, i stvarajući iluziju da kamena zgra-
da iza nje klizi duž svojih temelja u suprotnom pravcu.
    Autobus je skrenuo na put. Polagano prolazi kraj ško-
le. Kad vozač menja brzine, dečje glavice naginju se kao
jedna. Autobus, uronivši u padinu brega, iščezava joj iz vi-
da. Tog trenutka učiteljica shvata da nije prepoznala vo-
zača. Nije bio onaj oniži a kršan čovek s naočarima bez ok-
vira. Bio je neki mladić duge svetle kose i belih obrva, i po-
gledao ju je u času kad se nagnuo nad volan dok su mu ruke
s naporom uvodile autobus u krivinu.

    TE VEČERI kod kuće mlada žena zagreva vodu za
kupanje i sipa je u kadu. Kupa se i mokri u vodu. Vadi šake
iz vode i pušta vodu da joj se sliva kroz prste. Pevuši neku
izmišljenu melodiju. Kupatilo je prostrano, s drvenom, u si-
vo obojenom zidnom oblogom. Kada leži na četiri kandže
od livenog gvožđa. Maleni prozor visoko u zidu samo je
odškrinut i noćni vazduh se kroza nj uvlači u kupatilo. Ona
se ponovo zavaljuje i studeni vazduh dopire preko površine
vode i povlači svojim sečivom preko njenog vrata.
    Ujutru se ona oblači, začešljava kosu i vezuje je otpo-
zadi, a nosi male naušnice od opala u obliku suze koje je
dobila kad je diplomirala. Ide pešice na posao, otvara ško-

45

lu, uključuje radijator, čisti tablu i odlazi da na kapiji sačeka decu iz žutog autobusa.

Deca ne stižu.

Ona ide u učionicu u kojoj drži nastavu, preraspoređuje na katedri časove za taj dan, stavlja po list krutog papira svakom detetu na skamiju. Odlazi ponovo na kapiju i iščekuje decu.

Njih ni od korova.

Silazi u podrum da potraži školskog domara. Velika peć ispušta neki zvuk nalik ječanju, taj uzastopni ton kao da se ritmički pojačava i domar gleda u peć sa izrazom zbunjenosti na licu. Kaže joj koliko je sati i toliko je koliko i na njenom časovniku. Ona se vraća gore i u kaputu stoji na kapiji.

Žuti autobus stiže na školski prilazni put i zaustavlja se pred kapijom. Dok deca silaze iz autobusa, ona svakome stavlja ruku na rame. Mladić plave kose i obrva joj se smeši.

U ovom gradiću bilo je nepovredivih obreda i legendarnih događaja. U poluprofesionalnoj ragbi-utakmici poginuo je igrač. Jednom je došao predsednički kandidat i održao govor. Za žrtve požara u fabrici cipela priređena je sahrana s misom. Ona shvata da novi vozač autobusa ne zna ništa od svega toga.

U SUBOTU UJUTRU učiteljica odlazi u starački dom i čita naglas. Stari sede i slušaju priču. Njihova lica su lica dece iz nekog drugog vremena. Njoj se čak čini da može po porodici prepoznati neke babe i dede. Kad je s čitanjem gotovo oni koji mogu da hodaju dolaze do nje i vuku je za rukav i okovratnik, upadajući jedno drugome u reč da bi joj saopštili ko su i šta su nekad bili. Viču jedni na druge. Ismevaju se međusobno. Mašu joj rukama ispred lica ne bi li privukli njen pogled.

Ona jedva čeka da se izvuče. Na ulici se daje u trk. Trči sve dok starački dom ne ostane van vidokruga.

Veoma je hladno, ali sunce sija. Ona rešava da odšeta do palate na vrhu najvišeg brežuljka u gradiću. Ulice na brežuljku naglo se ponovo ulivaju same u sebe, kao niz slapova. Ona nosi čizme na šniranje i farmerice. Penje se kroz smetove u koje upada do butina.

Stara palata leži na suncu, iznad linije drveća. Priča se da ju je podigao jedan od vlasnika fabrike za svoju nevestu koju je, ubrzo pošto su se uselili, ubio iz sačmare. S grčkih stubova nedostaju golemi komadi i ona ispod gipsa vidi ogoljenu žičanu mrežu. Trem sa stubovima sav je u ledenicama, a uz kuću se nagomilao sneg. Prednjih vrata nema. Ulazi. Sunčeva svetlost i napadali sneg ispunjavaju predvorje i otmeno stepenište kroz palu tavanicu i provaljeni krov može se videti nebo. Ona se pažljivo kreće i odlazi do vrata odaje koja je sigurno bila trpezarija. Otvara ih. Zaudara na trulež. Nešto šuška, čuje se siktanje i ona vidi, kao kakvo sazvežđe u mraku, nekoliko pari očiju. Otvara vrata šire. Čopor mačaka sabio se u ugao odaje. Reže na nju i trzaju repovima.

Ona izlazi i obilazi palatu, pozadi se otvoreno polje beli na suncu. O prozorsku dasku na drugom spratu oslonjene su ulubljene uspravne aluminijumske merdevine. Ona se penje. Prozor je izbijen i ona se provlači kroz ragastov i ulazi u svetlu i zračnu spavaću sobu. S tavanice visi ledena polulopta. Izgleda kao donji deo meseca. Ona stoji kraj prozora i na rubu polja vidi nekog čoveka u narandžastoj jakni i s crvenim šeširom na glavi. Pita se da li je on može videti s te daljine. On diže pušku na rame i trenutak kasnije ona čuje čudan pljesak kao da je neko otvorenim dlanom udario po zidu kuće. Ne pomera se. Lovac spušta pušku i zamiče nazad u šumu na rubu polja.

TE VEČERI mlada učeteljica poziva gradskog lekara da zatraži nešto što bi uzela. A šta vas muči? veli doktor. Ona smišlja neki samoomalovažavajući odgovor, glas joj siguran i pouzdan, uspeva čak i da se malo nasmeje. On kaže da će pozvati apotekara i prepisati joj valijum, od dva miligrama tako da neće biti dremljiva od njega.-Ona pešice silazi do glavne ulice, gde apotekar otvara vrata apoteke i, ne paleći svetlo, vodi je do tezge za izdavanje lekova na recept udno radnje. Apotekar zavlači šaku u veliku teglu, izvlači pregršt tableta i palcem i kažiprstom, jednu po jednu, odbrojava pilule valijuma u bočicu.

Ona odlazi u bioskop u Glavnoj ulici i kupuje kartu. Bioskop nosi isto ime koje i gradić. Ona sedi u tami i guta punu šaku tableta. Sliku ne može da razazna. Ekran je beo. Ono što potom vidi da se pomalja na belome ekranu jeste gradić pod snežnim pokrivačem, šindrom pokrivene kuće na bregu, zaleđena reka, vetar koji nosi sneg po ulicama. Vidi decu kako s školskim knjigama izlaze iz svojih kapija i niz stepenice silaze na ulicu. Vidi svoj život tačno onakav kakav je i izvan bioskopa.

Kasnije šeta centrom gradića. Jedino otvoreno mesto je prodavnica novina. Nekoliko muškaraca stoji i prelistava časopise. Ona skreće niz Mehaničku ulicu i prolazi kraj radnje za alatke i kalupe, pa preko železničkih šina stiže na most. Počinje da trči. Nasred mosta vetar je toliko jak da joj se čini da hoće da je protisne kroz ogradu u reku. Trči pognuta, s osećanjem da se probija kroz nešto, nešto što je propušta tek kad se procepi.

S druge strane mosta put oštro skreće ulevo a na zavoju, u podnožju brežuljka obraslog borovima, mrka kuća s neonskom firmom u izlogu: Brzaci. Ona se penje stepenicama verande u Brzake i, ne gledajući ni levo ni desno, ide u zadnji deo, gde nalazi ženski toalet. Po izlasku, seda u jedan separe od lakovane iverice i zuri u sto. Malo kasnije dolazi čovek u pregači i ona naručuje pivo. Tek tad diže pogled. Svetlo je mutno. Za šankom stoje dva postarija muškarca. No dole udno, sam, smestivši se s čašom i kutijom cigareta, sedi novi vozač autobusa s dugom plavom kosom, i smeši joj se.

PRIŠAO JOJ JE. Neko vreme ne govore ništa. On diže ruku i okreće se na sedištu pa gleda prema šanku. Okreće glavu i ponovo gleda u nju. Hoćete još jedno, kaže. Ona odmahuje glavom ne ali ne kaže hvala. Kopa po džepu kaputa i stavlja izgužvani dolar kraj svoje boce. On diže jedan prst.

Jeste odavde? kaže.

Iz istočnog dela zemlje, kaže ona.

Ja sam iz Valdeza, veli on. Dole na putu Šesnaest.

O, da.

Znam da ste vi njihova učiteljica. Ja sam njihov vozač.

On nosi vunenu košulju, džins jaknu i farmerice. To nosi i u autobusu. Neće da ima kaput. Na lančiću koji nosi oko vrata nešto visi, ali je skriveno pod košuljom. Plave čekinje izbijaju mu, proređene, iz brade i duž vilice. Obrazi su mu glatki. Smeši se. Jedan njegov prednji zub je slomljen.

Šta se radi da se postane učiteljica?

Studira se. Ona uzdiše: Šta se radi da se postane vozač?

To je državna služba, veli on. Potrebna je vozačka dozvola i čist dosije.

Šta je prljav dosije?

Pa, ako ste bili hapšeni, znate? Ako imate bilo kakav dosije. Ili ako ste dobili rđavu karakteristiku.

Ona čeka.

Jednom sam u trećem razredu imao učeteljicu. Verujem da je to bila najlepša žena koju sam ikad video. Sad verujem da je bila samo devojka. Kao vi. Ali bila je vrlo gorda i imala svoj način zabacivanja kose i hod zbog kojeg sam želeo da budem bolji đak.

Ona se smeje.

On uzima njenu pivsku bocu, glumi prekor, diže ruku prema barmenu i daje znak da hoće dva.

Vrlo ja lako, kaže ona, navesti ih da se zaljube u vas. I dečake i devojčice, vrlo je lako.

A sebi priznaje da nastoji da uspe u tome, da ih navede da je vole, pa poprima ljupkost koju zapravo ni u koje drugo vreme nema. Kreće se kao plesačica, dotiče ih i okrzava se o njih. Društvena je i ne pokazuje strah, a njihovi pogledi obavijaju je tajanstvenošću.

Imate li sestara? pita ona.

Dve. Otkud znate?

Starije od vas?

Jedna starija, jedna mlađa.

Šta rade?

Rade u uredu u fabrici tesane građe tamo dole.

Ona kaže: Pristala bih da verujem čoveku koji ima sestre.

On zabacuje glavu i dobrano nateže pivo iz boce i ona gleda kako mu se diže i spušta Adamova jabučica a retka plava strnjika na grlu pomera poput trske koja leži na vodi. Kasnije izlaze iz Brzaka i on je vodi do svog kamioneta. Prilično je nizak rastom. Ona se penje i, kad on s druge strane uđe u kabinu, padaju joj u oči njegove čizme. Dobre čiste čizme, od nove žute kože. Motor neće da upali.

Šta radite ovde noću ako živete u Valdezu? kaže ona.

Čekam na vas. On se smeje a motor se pokreće.

Polako se voze preko mosta, pa preko šina. Držeći se njenih uputstava on ide do kraja glavne ulice i skreće naviše u brežuljke i dovodi je kući. Zaustavlja se u dvorištu kraj bočnih vrata.

To je mala kuća i deluje mračno i hladno. On gasi motor i farove, naginje se preko njenog krila i pritiskuje dugme odeljka za rukavice. Kaže: Biva da mi se tu nađe nešto vinca za društvance. Vadi pljosku u mrkoj kesi, s treskom zatvara vrata i, dok se vraća, njegova ruka dotiče njeno bedro.

Ona zuri kroz vetrobran. Kaže: Prokleti glupi fizikalac.

S učiteljicom našao da se poigrava. Gledaj ovo, s tim njegovim vincem za društvance u kesi. Da ne poveruješ.

Ona iskače iz kabine, trči oko kamioneta, i preko zadnjih stepenica u kuhinju. Treska vratima. Nastaje muk. Ona iščekuje u kuhinji, nepomična u mraku, stojeći iza stola, licem okrenuta vratima.

Ne čuje ništa osim sopstvenog disanja.

Odjednom zadnja vrata preplavljuje svetlost i bela zavesa na zastakljenom delu postaje beli ekran, a potom svetlo trne i ona čuje kako se kamionet unatraške vraća na ulicu. Dašće. Potom joj se gnev stišava i ona plače.

Stoji sama u mračnoj kuhinji, plačući, iz njenog tela izbija neki oštar miris, vonj nagorelog, koji je vreda. Ona zagreva vodu na peći i nosi je u kadu.

U PONEDELJAK UJUTRU učitaljica čeka decu na školskoj kapiji. Kad autobus skrene na prilazni put, ona uzmiče jedan korak i staje iza kapije. Može videti otvorena vrata autobusa, ali ne može videti pokušava li on nju da vidi. Vrlo je vesela od jutros. Ovo je poseban dan, deco, objavljuje i na njihovo zaprepašćenje peva im pesmicu prateći se na citri. Daje im da prebiru po citri dok sama pritiskuje žice. Gledaj, kaže svakom detetu, izvodiš muziku.

U jedanaest stiže fotograf. To je čovek velika trbuha, i nosi crnu, usku kravatu. Ne dobijam ove pozive iz škola do proleća, kaže on.

Ovo je posebna prilika, veli učiteljica. Hoćemo odmah sliku na kojoj smo mi. Je l' tako, deco?

Oni netremice gledaju kako on nameša nogare i aparat. Ima crno koferče s mesinganim bravicama koje škljocaju prilikom otvaranja. Unutra su kablovi i reflektori.

Nekad su bili puni razredi dečurlije, kaže on. Pogledajte šta je sad ostalo od vas. Grejati celu ovu zgradurinu zbog jednog odeljenja.

Dok se on sprema mlada učiteljica je odgurala skamije do table i rasporedila decu u dva reda, veću posadila na skamije, manju da sede ispred njih na podu prekrštenih nogu. Ona sama stoji sa strane. Petnaestoro dece pilji u aparat a njihova nasmešena učiteljica pruža ruke ispred sebe kao kakva operska pevačica.

Fotograf gleda prizor i mršti se. Pa ova deca nisu udešena za slikanje.

Kako to mislite?

Pa, nemaju ni kravate ni nove cipele. Imate tu i devojčice u pantalonama.

Samo vi slikajte, kaže ona.

Ne izgledaju kako treba. Ovi tu dečaci su neočešljani.

Slikajte nas takve kakvi smo, kaže učiteljica. Ona naglo iskoračuje iz reda i besnim pokretom vadi ukosnicu koja joj je pridržavala kosu, i trese glavom dok joj se kosa rasipa po ramenima. Deca su prenerežena. Ona se spušta na kolena na pod ispred njih, licem okrenuta aparatu, i privlači dvoje dece u naručje. Okuplja ih sve oko sebe salećućim otvaranjem i zatvaranjem šaka, i oni se zbijaju uz nju. Jedna devojčica počinje da plače.

Ona ih privlači uza se, osećajući njihova tela, tanke koščice njihovih ruku, njihova mala ramena, noge, zadnjice.

Slikajte, kaže ona jarosnim šapatom. Slikajte nas takve kakvi smo. Gledamo u vas. Slikajte.

# STRANO POSLANSTVO

# STRANO POSLANSTVO

KAD MU JE ŽENA otišla ponevši svu svoju odeću i dečju odeću i igračke, Morgan nastavi da ide na posao i vraća se kući, premda mu je dom bio pust i nije imao nikog s kim bi porazgovarao.

Uveče bi stajao na prozoru i dogledom osmatrao kako susedi prolaze kroz svoje sobe.

Napolju, u sumraku, neraspoznatljive vrane preletale su sa javora na visoke borove ili se obrušavale na pločnik da kljucaju po zgužvanim omotima bezvredne hrane koje su deca u prolazu ostavila za sobom.

Živeo je u uštogljenoj četvrti jednog starog predgrađa. Kuće su bile u stilu engleskih letnjikovaca, firentinskih vila ili holandskih kolonijalnih zdanja, sve sagrađene dvadesetih i tridesetih godina.

Počeo je da odlazi na trčanje sasvim rano ujutru, kad su travnjaci orošeni a psi nisu pušteni napolje.

Trčao je ulicama ogromnih javora čije su se grane lučno sklapale u visoke zelene svodove sunčeve svetlosti.

Trčao je krivudavim ulicama engleskih, holandskih i firentinskih kuća s velikim drvećem i prostranim dvorištima, a potom, kad bi se ulice ispravile, kroz nove četvrti s tipskim kućama i malim ukrasnim drvetima i tablama s koševima postavljenim na vrata garaža.

Subotom bi odlazio kolima u tržni centar. Kupovao je skupe odreske koje bi stavljao u zamrzivač, i voće i povrće koje se kvarilo pre no što bi se setio da ga pojede.

Plaćao je račune preko pošte, i prelistavao debelu ukoričenu knjigu s oglasima za zaposlenje lancem privezanu za šalter.

Znao je da ga ništa ne sprečava da izmeni život, ali teranje po starom godilo je njegovom osećaju sebe kao nekog ko čeka.

Nije čekao ženu i decu, za koje je znao da se nikad neće vratiti, nego nešto što je oduvek čekao.

Kad bi u mesnom listu, koji je svako veče po dolasku kući nalazio uredno savijen na verandi, pročitao da se u njegovoj ili susednoj četvrti dogodilo nešto, da se neko ubio, ili da su nečiji maloletni sin ili kćerka nestali, sutradan ujutru protrčao bi kraj kuće gde se to dogodilo.

Ali ni po čemu ne bi video da se išta dogodilo. Kuća je uvek bila tiha, vrata zatvorena, kola parkirana na prilaznom putu.

Kuće su bile za to da se ljudski životi rasprsnu u njima, poput onih sanduka od čelične mreže koji se koriste u policiji, u odeljenjima za čuvanje bombi.

JEDNOG JUTRA Morgan je trčao dalje no obično i stigao na otvoreno polje koje se postepeno uzdizalo do katoličke devojačke škole od crvenog kamena.

Ispred jarbola za zastave pred glavnim ulazom zaustavljali su se autobusi iz kojih su izlazile učenice.

Učenice su nosile kestenjastomrke dokolenice, kestenjastomrke karirane mini-suknje i bele bluze dugačkih rukava, a knjige prislanjale uz dojke.

Morgan nije išao na posao, nego se to popodne odvezao u tržni centar, gde ugleda učenice iste škole kako su posedale za šank Sladoledare.

Kroz prozor ih je video kako, izvalivši se na razne načine, ližu sladoled iz korneta.

Tri su upravo prelazile preko parkinga. On zapazi da im suknje pridržava velika ukrasna igla, te ako bi se igla izvadila, suknja bi se razmotala kao zavoj.

Jednoj se pozadi bila izvukla bluza, a drugoj je dokolenica skliznula niz list.

Dok su ulazile u Sladoledaru, najviša od njih u prolazu okrznu Morgana pogledom kao da je savršeno nezanimljiv.

U trenutku kad su se vrata otvorila devojačko ćeretanje pokulja iz Sladoledare poput jare.

On predoči sebi da se učenice ne drže besprekorno čisto. Pomisli da njihova bedra verovatno zaudaraju na mokraću.

UVEČE MORGAN nali sebi votku s ledom, sede u dvorište i zagleda se u svoje stablo jabuke. Pirnu lak vetrić, razduva jabukov cvet i latice zavojite poleteše s drveta.

Ravnomerno popadale latice ispuniše pod drvetom krug sličan mesečevom odrazu na vodi.

Morganova žena imala je dražestan stidljiv osmeh koji je njeno lice činio gotovo lepim. Njene svetlozelene oči privlačile su ga zbog tragova straha i bojažljivog nerazumevanja koje su registrovale kao barometar vremenske promene.

On začu zvonjavu telefona, no utrčavši u kuću shvati da je to što je čuo bio plačevni zvižduk njegovog disanja.

Namesti ploču nekog simfonijskog orkestra, stade na otoman i poče dirigovati.

Mahao je rukama i odlučio da zauzme Katoličku devojačku školu.

One u petom razredu i ispod oslobodiće.

Ostale će, bez odeće, zadržati u nenapunjenom školskom olimpijskom bazenu.

Parom će zagrejati prostranu odaju popločanu keramičkim pločicama.

Kaluđericama će narediti da uljem namažu devojačka tela.

Držaće učenice naparene i nauljene.

Daće im sva prava da se mole, pogotovu posle nekog od njegovih povremenih nastupa ili napastvovanja.

Morgan usta ranije no ikad i krete na jutarnje trčanje. Trčao je miljama kroz ulice svog predgrađa, laktovi mu se naizmenice njišu sa strane na stranu, njegov dah kao još jedan trkač iza njega.

Prozori kuća behu tamni, ali spolja osvetljeni ćilibarskom svetlošću uličnih svetiljki.

Stabla drveta behu crna, ali lišće se s donje strane kupalo u ćilibarskoj svetlosti.

Sve je bilo vrlo mirno.

Dva bloka dalje iza ugla se ukaza neka žena.

Trčala je prema Morganu, ali s druge strane ulice.

On se zapanji što u ovo doba vidi ženu u šortsu, majici i adidas patikama, s konjskim repom koji leti levo-desno.

Trčala je dobro.

Ipak, dojke joj behu preteške za njenu vitku figuru. Landarale su usporeno, kao da neće da drže korak s njom.

Žena ne primeti Morgana, mimoilazeći ga u trku uzdignute brade, ali dok je prolazila diže levu ruku iznad glave a iz njene stegnute pesnice štrčao je srednji prst.

ON SE OBUČE za posao, skuva kafu i onako u odelu, s kravatom, sede da gleda jutarnje crtane filmove na televiziji.

Nije se mogao uzdati u sebe da će misliti na svoju decu, ali je mogao videti to što i ona sad vide.

Nacrtane figure na kojima se pokreću samo usta.

Nekakvo kompjuterizovano trčanje.

Vrlo razrađene zvučne eksplozije.

Kopkalo ga je što nešto toliko neverno životu može biti život.

Kao močikanske posude-glave: močikanske posude bile su oblikovane kao ljudske glave, s naslikanim crtama lica i drškama kao ušima. Močike su na tim posudama portretisali jedni druge.

Morganu je to bilo poznato kao pomoćniku upravnika Odeljenja za prekolumbijsku umetnost Muzeja Nižih Amerika u Njujork Sitiju.

Na sva četiri zida njegovog ureda nalazile su se metalne police s poređanim posudama-glavama, erotičnom keramikom, i ukrašenim sudovima civilizacija Močika, Čimu, Čanka, Lupaka i pozni Ankon.

Svakih nekoliko sedmica stizala bi nova pošiljka i on bi još više zaostajao u pravljenju kataloga.

Ti iščezli narodi behu opsednuti svojim polnim organima.

Izrađivali su organe polnosti u keramici, i oslikavali položaje snošaja i drugih bludničenja, uključujući kunilingus, sodomiju i skotolaštvo.

Kod drevnih naroda Perua polni organi su bili najveća stvar. Njihove noge, trupovi i glave, pa prema tome, neminovno, i mozgovi, behu mnogo manji.

Tako su Inke i uspele da ih zbrišu iako ni same nisu bile baš bistre kad su položile oružje čim su konkvistadori naišli i rekli im.

Jedan od zarobljenih kraljeva Inka beše ponudio da napuni sobu zlatom i srebrom ako ga Španci potom puste. Španci su prihvatili ponudu. Kad su njegovi podanici napunili sobu zlatom i srebrom, Španci su se zahvalili kralju i prerezali mu grkljan.

Morgan isključi televizor.

Ode gore i namesti zastore na prozorima spavaće sobe da bi stvorio predstavu tekućeg življenja.

U svakoj sobi, i gore i dole, podesi uklopni sat tako da se svetiljke same pale i gase.

Iskreno je verovao da se u njegovoj kući ne živi a da prolaznicima treba da izgleda kao da se živi.

Kroz prozor dnevne sobe ugleda najnoviji model belog kadilaka kako se zaustavlja kraj ivičnjaka pred njegovom kućom.

Stajao je sasvim nepomično pokušavajući da se seti koga to poznaje da vozi kadilak.

Iz kola niko ne iziđe.

On otrča gore. Iz kćerkine spavaće sobe vide, delimično zaklonjene granama javora, muškarca i ženu kako sede u kolima.

Muškarac je nosio plavi blejzer i sive pantalone. Sedeo je ramenima se odupevši o vrata. Njegova proseda kosa bila je brižljivo negovana, tragovi češlja sasvim vidljivi.

Morgan nije mogao da vidi ženino lice, ali na volanu je počivala vižljasta mlada ruka. Žena je sedela podignutih nogu, s člancima u muškarčevom krilu.

Cipele je bila zbacila. Zatalasana suknja popela joj se uz noge.

Njena bosa stopala izviše se upolje. Prsti na nogama se sklupčaše.

To nisu ljudi koje poznajem, pomisli Morgan. Parkirali su njen kadilak u kraju gde ih niko ne poznaje.

Ja sam srećnik odabran zbog svoje beznačajnosti.

Žena skupi kolena, pa ih uz trzaj razmače. To učini nekoliko puta.

Muškarac položi ruku na njeno bedro. Zatim skloni ruku s njenog bedra i podrža obe šake okrenuvši dlanove naviše, kao da se poziva na zdrav razum.

Žena oštro povuče noge i trenutak potom motor zabruja. Muškarac se naglo naže i ugasi ga.

Morgan siđe, iziđe na zadnja vrata koja zaključa za sobom, i vozeći svoja kola unazad prilaznim putem izbi na ulicu. Hteo je da vidi kako izgledaju.

Kadilaka više nije bilo.

MORGAN JE PROPUTOVAO zapadnu poluloptu uzduž i popreko. U kojoj to zemlji beše kad je američki kulturni ataše priredio zabavu uoči praznika Svih svetih u svojoj kući na obali zaliva? Kad je Morgan stigao taksijem, kapiju su bili zakrčili melezi i meleskinje.

Stajali su ispred kola ispruženih ruku, vičući na vrskavom španskom, daj kolača il' će biti plača[1], pa je stražar iz obezbeđenja morao da iziđe i najuri ih kao kokoške.

Penjući se uz stepenice diplomatske rezidencije Morgan se osvrnuo i video meleze kako mlataraju rukama kroz kapiju. Dozivali su ga uz kitnjasto podsećanje na njegovo plemenito poreklo.

Behu niska rasta a starost im se nije mogla odrediti. Izgledali su kao da su napravljeni od štavljene kože.

Onako tamnoputi, iskošenih jagodica i crne kose izgledali su kao brodolomnici iz nekih drevnih istočnjačkih seoba.

---

[1] *Daj kolača il' će biti plača.* Opisni prevod reči „Trick or threat" koje deca izgovaraju u jednoj igri o svom prazniku „Halloween", 31. okrobra uveče, uoči Dana svih svetih. Tim rečima deca dozivaju susede preteći im nekom smicalicom ako ne dobiju posluženje. *(Prim. prev.)*

Morgan je mislio na njih sad, dok je kaskao u studeno rano jutro na dan Svih svetih i gledao praznične ostatke polegle po vlažnoj ulici — dečju masku, omot od slatkiša, izgužvanu plahtu na kojoj su automobilske gume ostavile otiske.

Stigavši do ugla, on skrete naniže vijugavim putem kojim, koliko se seća, još nije trčao.

Beše to strma krivina koja se spuštala pored kamenih kuća postavljenih i suviše gusto za svoju raskošnu veličinu.

Iza njih zemlja je pod oštrim uglom skretala kroz šumarak nadnet nad široki auto-put koji je vodio u grad.

On stiže do nivoa jedne kuće koju je, izuzev škriljčanog krova, celu zaklanjao kameni zid.

Trouglaste krhotine zelenih staklenih boca behu pobodene u beton celom gornjom površinom zida, a s čeličnih konstrukcionih šipki koje su na svakih nekoliko jardi štrčale iz betona odmotavali su se strukovi bodljikave žice.

Zid se dosta dugo pružao krivinom puta a na njegovom kraju neki čovek u crnom odelu upravo je otvarao kapiju od livenog gvožđa.

Bio je mali, puti boje štavljene kože, i imao crnu kosu, upadljiv slomljen kljunasti nos i usku vilicu koja se poput vrha strele sticala u tačku.

Kapija prepreči Morganu put te on zakaska u mestu dok je s prilaznog puta nailazila crna limuzina i uz škripu guma oštro skrenula udesno, sunula nizbrdo i iščezla iza okuke zaplamtevši stop-svetlima.

U limuzini su se, rame uz rame, stisli ljudi, svi u crnim odelima, kao i vratar, i svi s licima tamnoputih meleza.

Zatim se pojavi karavan-vozilo sa slično odevenim vozačem i jednim putnikom na zadnjem sedištu. Beše to mala meleskinja u kestenjastomrkoj i beloj uniformi učenice Katoličke devojačke škole, s gomilom knjiga u rukama.

Tako Morgan saznade za kraj u kojem su kuće održavale neke strane vlade kao rezidencije za svoja poslanstva.

U NOVEMBRU Morganu stiže pismo od majke njegove žene. Drvo se zaogrnulo žutim ogrtačem i, premda je

61

dan bio tmuran, neka čudna svetlost sve je obavijala, kao da se sunce, pavši s neba, raspalo u lišću.

On se odveze na večeru u stari deo grada u senci nadvožnjaka preko auto-puta. Zauze mesto za šankom i pročita pismo.

Znam da ne bi trebalo da se mešam, pisala je Morganova tašta, ali ne mogu tek tako stajati po strani i gledati kako mi kći pati. Valjda dvoje razumno pametnih ljudi mogu raspetljati stvari.

Morganova tašta bila je profesorka engleskog. Pod razumno pametnim ona je mislila na dvoje ljudi koji imaju onoliko pameti koliko bi se razumno moglo očekivati od njih.

Morganova žena bila je iz porodice luteranaca nemačkog porekla.

Čistačice koje su svako jutro žipčile Morganovom ulicom od autobuske stanice do podnožja brežuljka bile su baptistkinje afričkog porekla.

Baštovan koji je na ulici zgrtao lišće u veliku gomilu bio je grčki pravoslavac jugoslovenskog porekla.

Nedavno su Jevreji istočnoevropskog porekla, vlasnici radnje za hemijsko čišćenje, prodali radnju budistima korejskog porekla.

Šanker mu dade veliki slojeviti jelovnik i nasmeši mu se, otkrivajući zlatne zube. Hej, kompadre, reče.

Morgan pogleda jelovnik: mogao je uzeti čili, ili pileću supu, mogao je uzeti svinjske papke, ili irski jagnjeći paprikaš ili lazanje ili suvlaki.

Ja nisam razumno pametan, pomisli Morgan. Ja sam nerazumno pametan.

Patim od viđenja neprestanog seljakanja ljudskog roda koji obigrava zemlju u preistoriji, istoriji i do dana današnjeg.

MORGAN USTADE kasnije no obično, navuče trenerku, čarape i cipele za trčanje, i iziđe.

Bio se uspavao zato što je vejao mek vlažni sneg. Sneg je izmenio zvuk svemu.

Padao mu je meko po ramenima i kapuljači na vezivanje.

Težak vlažni sneg promicao je pred njegovim očima. Skupljao mu se po trepavicama.

Trčao je sredinom ulice po ulegnuću koje su napravili točkovi automobila.

Sneg, zgrudvavajući se na potplatama njegovih cipela, remetio mu je ravnotežu i otežavao napredovanje.

Bio je razdragan zbog opasnosti da skrlja vrat ili nogu.

Stiže do ugla i skrete niz padinu brežuljka gde se nalazila rezidencija stranog poslanstva, jer tako će trčanje biti još pogibeljnije.

Nekoliko trenutaka kasnije tlo mu se izmače ispod nogu.

Mlatarajući sa sve četiri, kotrljao se i poput plivača usred talasa bespomoćno survavao kroz sneg koji je vejao.

Zateče se na rukama i kolenima, zakopan u sneg. Učini mu se da je proteklo mnogo vremena.

Ali pod snegom je bilo ognja, mogao je videti kako se njemu na oči tope kristali. On dotače kristale rukom i ugleda mrlje crvene krvi.

Ustade, boreći se za dah, dok je sneg u krpama otpadao s njega. Skliznu na kolena i teturajući se ponovo stade na noge.

Rezidencija stranog poslanstva je gorela.

Gvozdena kapija poslanstva beše istrgnuta iz šarki.

Vrata crnog automobila lagano su klizila nizbrdo.

Sneg je padao pomešan s pepelom. Manji i veći komadi metala zarivali su se u sneg oko Morganovih nogu.

S neba pade nekoliko školskih knjiga.

On začu nešto kao kad zastava bubnja na vetru; začu krike, lomljavu stakla.

Podiže, pa spusti natrag kestenjastomrku dokolenicu i dečju nogu u njoj.

Žena u odelu za trčanje dolazila je nizbrdo prema njemu, otvorenih usta, šaka uzdignutih s obe strane glave.

Morgan vide da je to njegova prijateljica koja mu je jednog ranog jutra lanjskog leta dala onaj prostački znak.

Je l' ovo nešto? upita je Morgan. Bio je zbunjen. Jesam ja to napravio? reče, pokušavajući da se osmehne, pokušavajući da dade sebi pristojan izgled, zaglađujući kosu okrvavljenom šakom.

# ČOVEK U KOŽNOM OKLOPU

# ČOVEK U KOŽNOM OKLOPU

NISU ONI NIŠTA NOVO, o čoveku u kožnom oklopu, recimo, možete pročitati da se još pre sto godina vrzmao kroz Vestčester, Konektikat, pa leti kroz Berkšir, viđali su ga kako sedi kraj puta, na tren bi ga ugledali u šumi, imao je svoje redovne stanice, pećine, napuštene ambare, rečne obale pod gvozdenim mostovima u fabričkim gradovima, taj čovek u kožnom oklopu, orijaški odeven u kojekakve kapute, šalove i pantalone i preko svega krut, ručno oblikovani oklop od kože, poput viteškog, i šiljati kožni šešir domaće izrade, a bio je visok deset stopa, avet. Jasno, u biti tih ljudi je da budu prezavi, brišu na prvi znak da bi se mogli sresti s nekim, ni mrava ne bi zgazili. No za tog se tipa govorilo da je, kad bi ga saterali u ćošak, umeo da zapodene sasvim razborit razgovor, neuk, jasno, bez veze s tekućim zbivanjima, možda uz uvrnut tok asocijacija koje su tu i tamo možda izgledale nedosledne, ne stvarno i razložno dosledne kad se prvi put čuju, ali genijalne uprkos svemu, a s jedne na drugu prelazio je uz osmeh, ili iskreno tražeći reči; izgleda da je čak i čin govorenja veština koja se može izgubiti. Znači, postoji istorija. I premda se po unutrašnjosti Nove Engleske ili obradivim površinama severnog srednjeg zapada još uvek može zateći po koji kako spava u polju, naići na parče zemlje pod žitom poleglim u obliku obrisa njegovog tela, recimo, i premda su oni nešto sasvim obično u velikim gradovima, žive po ulazima u zgrade, peru vam vetrobran prljavom krpom za frtalj dolara, muškarci, ili prte vreće, puše opuške iz slivnika, žene, ili zajednice takvih od kojih svaka živi pod zemljom u posebnom udubljenju između stanica podzemne železnice, u gnezdima svijenim u zidovima duž tračnica, ili ispod tračnica u šupljinama i nišama električnih vodova, ono što je novo jeste veza koju uspostavljaju jedni s drugima, neka vrsta samoniklog saobraćanja prosvetlila ih je dotle da postanu svesni jedni drugih i, odneo đavo šalu, još bi se mogli prijaviti da dobiju nacionalnu pomoć kao živa umetnička forma, njih neko vodi, ali ne znam ko.

Ne znam ko i ne znam zašto. Verovatno je to bezopasna društvena pojava, kao i svi ostali oblici trpljenja, što će reći ne planirani s nekom namerom nego naprosto prirodna posledica svega ostalog što se zbiva, i možda je bezdušno gledati popreko na trpljenje, biti sumnjičav pred njim, crnačkim crkvama na jugu, primaocima socijalne pomoći, nezaposlenim klincima oko bilijarnica i tako dalje, ali poso je poso, to nam je zadatak, valjda ga ne moram pravdati. Znamo kako opasnost raste, ili kad je već o tome reč, krupna neuhvatljiva zbivanja, duhovna, bilo ih je pet-šest stotina hiljada, a? na polju onog farmera pre dvadeset godina, a od njih pedeset smo bili mi, sećate se, jedan prema deset hiljada, kao kakva zakonska hemija protiv kvarenja, jedan na deset hiljada da pazi da stvar ne krene naopačke. Lično sam bio tamo i svidela mi se muzika. Miljenica mi je bila Džon C. Baez, najumerenija među muzičarima, ultraliberalni pacifistički pisnik, sećate se pisnika? Bila je to kovanica koju smo sami iskovali i njome imenovali neke novinare, u Denveru, čini mi se, raznela se kao šumski požar. Ali. lepo je pevala, na početku celog pothvata, svi drogirani na suncu, hemijski klozeti još upotrebljivi.

Slučajno smo tamo natrapali na neku curu koja je izvodila čudnovate grčevite pantomimičke pokrete koji su privukli silnu rulju. Počela je s rukama iznad glave. Spustila laktove preko sisa, izgledalo je kao da istura laktove, gura u nešto a onda joj jedna ruka ode nekud okolo iza vrata, pa onda sva ona kruženja glavom, to je bilo najčudnije, kao da se uhvatila u nešto, u paučinu nekakvu, mrežu, veoma snažna, veoma usredsređena, rulja, muzika utihnula, a onda se ona spustila na kolena i kleknula kroz ruke kao kroz neki konopac za preskakanje, a kad su joj ruke došle pozadi, tu nešto nije valjalo, pokušavala je da se tuda iščupa, da se iščupa, izvlačila se iz nečeg, glumatala je da pokušava, lice joj se svo iskrivilo i zacrvenelo ne bi li se iščupala, razumete. A mi smo napravili nekoliko snimaka, i kad smo dijagramom prikazali tu radnju stigli smo do nečeg vrlo zanimljivog, posredi je bila osoba u ludačkoj košulji, to je bila gluma klasičnog užasa osobe strpane u ludačku košulju koja pokušava da se oslobodi. E sad, ko vam pada na pamet da je umeo da se izvuče iz ludačke košulje, ko je to bio, reče on.

Hudini.

Tačno, Hudini, to je bila jedna od njegovih rutinskih tačaka, izvlačenje iz neke vrste ludačke košulje, da srce pukne.

ŽIVETI KAO ISPOSNIK, biti najradije sam sebi društvo. Zamisli sebe u takvoj osami, u prirodnom okruženju, recimo, što je klasičan slučaj. Podigneš kolibu u šumi, cepaš sopstvene panjeve, gajiš zelje, praviš obrede od svakidašnjeg postojanja, slušaš kako zavija vetar, gledaš kako se povijaju vrhovi drveta, osećaš vremenske promene, osećaš da si u dodiru sa stvarima kakve jesu. Sećaš se Toroa. Postoji određena politička primesa u izbegavanju svih drugih ljudskih bića i nabacivanju boja okoline, da postaneš nevidljiv poput žabe-krastače na panju. Koji god mu bio duhovni sadržaj, to je čin skrivanja, razumete, ti momci se skrivaju. E, onda se postavlja pitanje zašto? Možda je posredi normalan život vođen snažnim paranoidnim impulsima, a možda paranoidan život koji postaje jasan kad se upoznaju biografski podaci o dotičnom tipu. Ali nešto se tu desilo. Ako se on krije, ja hoću da znam zašto.

No uzmimo, s druge strane, da svi težimo da nametnemo poredak kojim možemo upravljati, što je taj poredak javniji, to smo poznatiji. Političari su poznati, umetnici su poznati. Oni nameću javni poredak. Ali ti si, recimo, neki jadovan, ne možeš da zadržiš posao, žena zanoveta, deca raspuštena, susedi ti se cere iza leđa. Dole u podrumu, međutim, praviš lepe stvari od drveta. Praviš policu za knjige, praviš orman, testerišeš i rendišeš, šmirglaš, uklapaš, lepiš i napraviš nešto mnogo lepo, nametneš taj poredak, to je carstvo kojim ti upravljaš. Napraviš još veći orman. Napraviš orman u koji možeš da uđeš. Izgradiš ga tamo gde te niko ne gleda. Kad je gotov, uđeš i zaključaš vrata.

PRE NO ŠTO NAPRAVIMO pauzu za ručak, da razvijem ovu misao. Imate te što uđu u svoje sanduke i zaključavaju vrata za sobom. Lepo. Ali to urade dvoje i onda imate zajednicu. Razumete šta 'oću da kažem? Uza sve to možete izvesti revoluciju s ljudima koji nemaju nikakve veze jedni s drugima. Postoji teorija, na primer, da kosmos oscilira. Da nije nešto postojano i sjajno, niti da je otpočeo s praskom. Širi se i skuplja, udiše i izdiše, ili raste veći no što se može zamisliti, ili implodira prema jednoj tački. Ključna stvar je smer. Ako se stvari dovoljno razmaknu, počeće da se zbijaju.

0001. PRIPADNICI KLASE: divlja deca, isposnici, uličari, kockari, zatvorenici, nestale osobe, osmatrači šumskih požara, nakaze, trajni invalidi, pustinjaci, autističari, drumske skitnice, osobe lišene čulnih nadražaja. (Videti takođe i astronauti.)

POZAJMILI SMO obična terenska kola i otišli tražeći jedno. Viđeno na uglu Četrnaeste ulice i Avenije A, vreme dvadeset dva i trinaest. Lice ide na istok južnom stranom Četrnaeste ulice. Belac, žensko, neodređene starosti. Nosi zimski kaput kaki-boje, sivi meki filcani šešir povrh plave pletene stražarske kape, nekoliko šalova, nekakve krznene cipele i preko njih kaljače. Jedne čarape zarozane do članaka preko drugih. Gura piljarska kolica na dva točka natovarena vrećama, džakovima, krpama, mekim stvarima, polomljenim kišobranima. Odrešiti pokreti. Lice je od uličnih kanti za đubre otišlo pravo do privatnih spremišta za đubre u ulazima u kuće, izgleda da ga zanima sve što je od tkanine. Lice je selo da se odmori, naslonivši se na ogradu u istočnoj Petnaestoj ulici. Na tom se mestu nalazi Udružena Edisonova električna centrala. Lice je spavalo nekoliko časova na pločniku, pri temperaturi od minus devet. U četiri ujutru probuđeno od jedne bele zapuštene muške skitnice koja se pomokrila na njega.

BENKROFT PREDLAŽE kao organizaciono načelo da pravimo razliku između obične i duboke zapuštenosti. Mani protuve po ćuzama i siromašne aljkavce kojih ima ko šaše. Oduvek snob, Benkroft. Hoće samo one od srednje klase naviše? Ipak, nešto se mora reći: ako se mozak preplavi, gde je čin razdvajanja? Ako se ništa ne isključi, značenje se gubi. Zanimljivo on kao duboko označava ono što je nepotpuno.

U GRADU Nju Rošel, Njujork, nekog čoveka pritvorili kao voajera. Zatečen je na uređenju zemljišta iza kuće gospodina i gospođe Moris Vejkfild, Kroft Teras 19. Izgledao je kao divljak, bradat, zapušten, u ritama. Prijavljeno da je više puta tokom nekoliko meseci letimice primećivan po dvorištima u boljim četvrtima grada. Nikakvih oznaka identiteta.

Slejter naćuli uši. Događaj je toliko pogodio gospođu Moris Vejkfild da su joj morali davati sredstva za smirenje. Sirota žena bila je u bednom stanju. Već pod teškim stresom zbog nestanka njenog muža, Morisa Vejkfilda, suvlasnika jedne firme za izgradnju mostova, inženjera na dobrom glasu u struci, bez poznatih neprijatelja. Primeran život. Nestao. Par nije imao dece. U braku su bili dvanaest godina. Odosmo tamo. Tugujući sama u kući, gospođa Vejkfild se spremala da ode u postelju i u negližeu sišla da popije šolju toplog mleka. Dva sablasna oka kolutala su duž ruba prozorske daske. Vrisnula je, odjurila gore i zaključala se u spavaćoj sobi, odakle je telefonirala policiji. Primećujem, ne retko, navodi njurošelski policijski detektiv Leo Krajsler, da nevolja nailazi u naletima, u zajednici ima ljudi s kojima po dvadeset godina nemamo nikakva posla, a onda iznenada sve krene odjednom, neko bude opljač kan, pa posle nedelju dana povređen u kolima, ili neko bude premlaćen a rođak ukrade pare, i sve tako, jedna porodica u ciglo nekoliko dana zapadne u višestruku krizu. Zatražismo da ga vidimo. Svakako, zašto da ne, navodi detektiv Krajsler. Ko zna, možda ćete mu se svideti. Ne govori, ne jede, gleda u vas kao da misli na nešto drugo.

Zatvorenik je nosio šlampave pantalone od kepera s jednom nogavicom pocepanom i s konopcem umesto kaiša, prljave bele Sten Smit teniske patike, bez čarapa, umrljanu i masnu radnu košulju. Nije bio neki naočit tip, već tip s izgledom nekadašnjeg debeljka. Pantalone i košulja visili su na njemu. Šišanje mu beše preko potrebno, a pri fluorescentnoj svetlosti istražnjaka žmirkao je slabim očima nad gnjecavim podočnjacima kao čovek koji nosi naočari a sad je bez naočara. Brada bela, iako mu je čupava kosa crvenkasta. Sedeo je prekršenih nogu na vinilskom podu. Sedeo je čvrsto ispreplevši prste na rukama. Slejter ga je pomno posmatrao. Sav je bio uvezan, prekršenih nogu, upletenih prstiju. Osetivši da ga posmatraju on diže kolena, još uvek ukrštena i vezana konopcem, ručnih zglobova oko njih, prstiju i dalje čvrsto izukrštanih.

Slejter: Da li ste vi u stvari vlasnik imanja na kojem ste uhvaćeni, konstruktor mostova Moris Vejkfild, nestali suprug?

Voajer klimnu da.

JEDNA STAVKA iz dosijea Odseka za obezbeđenje u Nacionalnoj korporaciji za suvu hranu: jedan njihov mladi referent za marketing premešten je iz Šorthilza, Nju Džerzi, u Flint, Mičigen. Posle nekog vremena otkriveno je da u Flintu živi s ženom koja nije njegova supruga i s dvoje dece koja nisu njegova, iako ih je predstavljao kao takve. Trebalo im je šest meseci da pronađu njegovu zakonitu ženu i njihovo dvoje dece: i dalje su bili kod svoje kuće u Šort Hilzu, Nju Džerzi, živeći u domaćinstvu s jednim referentom kompanije koji je bio premešten iz Flinta. Dva referenta bila su članovi studentskog bratstva na univerzitetu Djuk.

SLEJTER, jebeš li što?

Dugo mu treba da odgovori. Ne.

I ja. Da ti ispričam za jučerašnji ručak. Mnogo zgodna ženska na koju sam poodavno bacio oko. Ona i moja žena se pajtaju, idu zajedno po galerijama. I tako, sedimo ti svi na tom ručku, i ja pravim štos, signalni štos, skroz smešan ako ga ne ukopča, ali znak u slučaju da joj se hoće. Je l' i ti tako radiš?

Ne, ja obično prelazim pravo na stvar.

Pa, ja sam stariji od tebe. Moja generacija je drugačija. Kod mene pale duhovitost, dvosmislica. I tako, ručamo. Jedva sam uspeo da je obuzdam. Bila je spremna da se osveti za petnaest godina bračne vernosti. Muž ne samo što ju je varao, nego je bio gadan kod kuće. I ne samo što je bio gadan i stipsa, nego nije imao ni trunke poštovanja za njen posao i zezao se sa svime za šta se ona zalagala. I ne samo što je nije poštovao, nego je bio infantilac koji se sav rasturao kad bi se posekao pri brijanju. I ne samo to, nego se uopšte nije bavio decom i kukao je kad je morao da pljune lovu za njihovu školu.

Slejter se osmehnu.

Bogo moj, bilo je stravično, kao da mi je podnela ogledalo pred nos. Počeh da prelazim u odbranu u želji da se raspravim. Stvar na kraju spada na osmeh, sitnu ljubaznost, kap veselja, reče ona. To su važne stvari. Muž ti je veseljak, rekoh, ovaj put u razgovoru u kojem više nisam hteo da se preganjam s njom. Prijatan, dražestan čovek, rekoh, ima sjajan smisao za humor. O, da, uzvrati ona, i doktor Džekil je bio takav.

Šta je suštinski čin čoveka u kožnom oklopu? On svet čini stranim. Izmiče mu. Otuđen je. Naša su opažanja najoštrija kad smo otuđeni. Možemo videti oblik stvari. Prihvataš li to kao načelo? U redu, onda razmisli o nečem tako običnom kao što je švalerisanje. Ja sam staromodan tip i upotrebljavam staromodne reči. Posle nekog vremena brak ti postaje zaklon. Ne smej se, govorim ozbiljno. Osećanja ti se rastaču od množine, ne zaustavljaš se, neprestano se krećeš, neprestano kretanje postaje tvoj istinski život, neprestano kretanje uzbuđenja. Konačno u kretanju nalaziš uzbuđenje. Ti si Čovek u kožnom oklopu, potpuno otuđen od svog društva, najlepše žene su stene u potoku, cvetovi duž puta, izvršio si subverziju u sopstvenom životu i živiš sam u divljini, tvoje ti misli jedino društvo.

Mislim da je ono što sad predlažemo struktura, ne teorija subverzivne klase, nego infrastruktura slojevite subverzije, možda uopšte ne zavere. Da se dogodilo nešto kao preuređenje molekula, a pošto smo mi politički ljudi to smo ovde osetljivi na sirovu politiku, mislimo o tome kao o nekakvom terenu za protivdruštveno delovanje i kad možda uopšte nije to posredi. Zato velim da način da ovo shvatimo imajući u vidu naše posebne potrebe možda nije uobičajeno uvlačenje, prodiranje, nego razdaljina, njegovo uklanjanje od nas, odmicanje što je dalje moguće, da bismo videli šta stvarno jeste. Jer ako je ono izvan nas, a mi unutra te mu ne možemo videti oblik, onda nam to dođe kao stvarnost i nema nikakvog značenja.

IMAMO ONOG astronauta koji je otišao u čabar, Džejmza C. Montgomerija, koji je 1966. trijumfalno dočekan, a posle toga privođen zbog podvaljivanja s akcijama, pronevere, falsifikata, vožnje u pijanom stanju — pravio je sva moguća sranja: krao kola, napastvovao, napastvovao sa smrtonosnim oružjem. Dešava se to ponekad pojedincima u kojima se istorija pojačava kao elektrošok, pa ih potom ostavlja skroz rasturene. Sad smo ga smirili, ali njegova žena ne prestaje da dole na Floridi trtlja s novinarima i preti parnicom.

Pročitaću vam deo ispitivanja od jednog štabnog psihijatra.

Da li ste se nekad uplašili? Da li se prilikom izvršenja zadatka dogodilo bilo šta o čemu niste podneli izveštaj?

Ne, gospodine.

Da li se dogodilo bilo šta neočekivano?

Ne, gospodine.

Da li vam je pomisao na kosmos ulivala neki strah? To što ste izbačeni tamo, vrlo daleko od kuće.

*Pitanje ponovljeno.*

Ne, pa radite svoj posao, đavolski ste zauzeti, nema se vremena za razmišljanje, a uvek ste u vezi, gotovo uvek u vezi, glas iz kontrole u nebeskom svetu. Ne, rekao bih da nije. *(Pauza!)* Držite nos zaboden u tablu. Stvarate zajednicu s prekidačima, malim sijalicama. Sve oko vas napravio je čovek, to vas umiruje. *(Pauza)* Napravio je Amerikanac.

Ali onda ste sleteli, je l' tako?

Da, gospodine.

Hodali ste.

Da, gospodine.

Izišli ste iz mašine i prošetali.

Da, gospodine. Oh — neko vreme sam bio sam i jadan u onom skafandru. Jeste na to mislili?

Čini mi se da pokušavate da mi kažete ono što mislite da želim da čujem.

E jebi ga. *(Pauza)*. Čujte, uistinu se ne sećam. Hoću da kažem, sećam se da sam hodao po mesecu ali sad to mogu da vidim na televiziji i ne osećam ga, shvatate šta hoću da kažem? Ne mogu da verujem da se to dogodilo. Vidim sebe, vidim da sam hodao, ali ne sećam se kako sam se osećao, ne sećam se svog doživljaja.

DA IZVEDEM OVDE jedan brz i prost eksperiment? Poklanjate mi pet minuta? Ćutanje. Slejter pređe pogledom preko stola. Neko pripali lulu. Nevoljan plemenski pristanak. Daću vam spisak jednostavnih imenica a vi reagujete — samo pevnite šta se zbiva. Važi?

Noć. Lestve. Prozor. Krik. Penis.

Da niste razgovarali s mojom ženom? reče neko. Svi se nasmejaše.

Patrola. Blato. Signalna raketa. Minobacač.

U redu, reče neko.

Predsednik. Gomila. Metak. Slejter reče, U ovoj zemlji ima na hiljade ljudi čiji je poziv da nas obaveštavaju o nešem doživljaju. I vi mi kažete da to nije sjajno pomoćno sredstvo?

Slejt, natovarićemo sebi bedu na vrat ako hoćeš da priznaš takav materijal. Pojma nemaš o svesti onih s kojima imaš posla. Ti neće razumeti, ti će to tumačiti kao izvor. I znaš koja će onda zbrka nastati? Moraćeš da ispituješ ta sjajna pomoćna sredstva, najrazgovetnije ljude u zemlji, one koji su već nakostrešeni, i njih ćeš pitati odakle im obaveštenja?

Ne, ti me ne čuješ, kaže Slejter. Znaćemo odakle im obaveštenja. Dali smo im mi.

# ŽIVOTI PESNIKA

# ŽIVOTI PESNIKA

Levi palac mi se ukočio, nije mnogo natekao ali su vene u korenu iskočile i ne mogu da ga maknem unazad niti išta da dohvatim a da me ne zaboli. Da l' me je to već snalazilo? Kao kroz maglu se sećam nečeg sličnog, možda će i proći, ali bojim se da neće s tim proširenim venama i svim ostalim, to je ili giht ili artritis manj, jasno, ako nije ona smrt za pisca, ona čudovišnost koja je strefila Lu Geriga,[1] spasi me Bože.

I jedan živac u vratu malo mi je priklješten. Je l' to u nekoj vezi s palcem? Šta se to sa mnom zbiva? Ja sam istinski Jarac, sudbina mi je da se mučim dok ne crknem.

Pa onda još i ovo lako oštećenje sluha. Malo-malo pa čujem glas ali ne i reči. Da li ona vratna priklještenost prigušuje zvuk, saterujući me u muk? Šta s tim da radim? Što ne pođem lekaru. O utronjana razvalino! Kao ona ulegla zgrada koju sam video u Istočnoj Šestoj ulici, kroz krov joj se skrozira nebo, iz podova rastu čitava drveta, džiklja korov, s prozora se obrušavaju slapovi puzavica — Menhetenski Kongo, unutršnjost džungle s pomrčinom koju je uprskao tukan. Majmunsko kreštanje, oidi smrti! A u mutnoj tmasti podruma u mene bulji krokodil spljoštene glave.

Gde je ona okretnost koju nikad nisam imao? Gde je onaj sklad duha i tela, onaj život ko iz sna u kojem temeljno žvaćem hranu i pijem izvorsku vodu u malim gutljajima, i krećem se na filosofsko prosvetljen način, i dišem iz dijafragme, kao potpuno ostvareno biće u spokojstvu blagosti,

---

[1] *Lu Gerig* (Henry Louis „Lou" Gehrig, 1903—1941) američki igrač bejzbola. *(Prim. prev.)*

biće nesamo-osuđujuće, bez krivice, bez stida, poput najmršavijeg mrkoputog gurua ispunjeno u svakom trenutku života i sećanja i milosnog očekivanja? Ja ni da stanem pravo ne mogu a da ne posrnem.

Prestao sam da pušim, i to je nešto, smanjio pivo, i osećam čist vazduh kad mi dopre do nosa, znam kako se jedu mekinje, i ružin šipak, i da šećer škodi, i so da škodi, i jaja, i sve što je iz turšije, dimljeno ili usoljeno. Ali to je previše — po celom gradu svi trče kupuju raspituju se, nastoje da pobegnu od ovog belohlebog života, u odelima za trčanje trče, pod miškom im sokovnici za povrće, imam ja pametnija posla. Ono što meni treba jeste učitelj-vodič od mudrosti, ekskluzivna služba na idealnome mestu u svetu, mestu recimo, gde daš sve pare i sve što se nadaš da ćeš ikad imati, a zauzvrat primiš darove blagotvorne higijenski uravnotežene prirodne neozračene životne svetlosti pa da živiš i pišeš najmanje sto pedeset godina, deset godina gore ili dole, a ševac da te nikad ne ostavi na cedilu.

Što me privodi našem glavnom zanimanju.

Pre neko veče ušeta Bred sa svojom prijateljicom kod Elia, kad tamo njegova žena Mojra na večeri sa članicama svoje Ženske političke stranke. Pogodi šta mi se desilo? kaže sutradan Bred preko telefona. Žena te uhvatila da si izveo prijateljicu, odgovorih, jer mi je Endžel, moja žena, pošto joj se Mojra poverila, već ispričala zgodu. Osetila sam se grozno poniženom, izjavila je Mojra Endželi. Na kraju krajeva, znam da ceo grad zna za Bredove ljubavne avanture, on se i ne trudi da ih prikrije. Ali sinoć sam upravo objašnjavala koleginicama jedno specifično feminističko pitanje kad eto ti mog supruga, upada s onim kurvičetom ispod ruke. Šta ste uzeli, upitah Breda. Pastu-specijalitet-kuće i zinfendel[1], odgovori on. Očekivao sam kraj kad stignem kući, ali sve što je Mojra rekla beše Bred, ja ne ispuštam ovaj brak iz ruku, mnogo je dobar. Bred se suvo nasmeja.

---

[1] *Zinfendel* (zinfandel). Suvo crno vino od jedne vrste kalifornijskog grožđa. *(Prim. prev.)*

Bred putuje po celom svetu zbog svoje rubrike a kod kuće provodi vreme igrajući tenis. Tako je zapravo i upoznao onu žensku.

Bredova prijateljica nije kurviče, zeznuh se te se izlanuh pred Endžel. Ona je sportašica. Oh, reče Endžel. Kako izgleda? Video sam je samo sa susednog terena, rekoh. Lepojka iz stripa. Tip neustrašive junakinje. I gle, Endželino lice pretvori se u kremen-kamen: kao da opisuješ Mojru, reče. Tako to uvek biva — lepe se za one koje liče na suprugu.

Endžel skuplja priče o muškoj podmuklosti: Gore u Nju Hejvnu Ralf je, pošto je raskinuo sa *svojom* mladom ženskom, bio tolika cepanica da je doneo kući Rejčeli gaće u boji koje je bio dobio. Ubuduće odbijam da ti perem rublje, objavi Rejčel, koja je Mađarica. Crveno beše boja koju je cura odabrala za svog profesora-pesnika, i gaće su, na neki nesrećan i nepotrebno simboličan način pustile boju u peraćoj mašini te se crveno razlilo po svim Rejčelinim čaršavima, ubrusima i tako dalje. Ralf je doneo kući, isto tako, i neke ploče koje mu je cura podarila i kad ih sluša Rejčel trči gore i zatvara vrata za sobom, muzika joj farba mozak kao ona boja veš.

Što su muškarci tako grozni? pita Endžel. Slažem se. Ralf je odvratno istinoljubiv. On prosto žudi za ispovedanjem. Za tu ljubavnu vezu rekao je Rejčel tako reći istog časa kad se upustio u nju. I jasno, od njegovog isfuravanja i jebanja tamo neke njoj je mnogo gore bilo to što je želeo da razgovara o svemu baš s njom, Rejčel, kao da mu je na neki uvrnut, otkačen način bilo neophodno njeno odobrenje.

Ali svi previše pričaju — Rejčel koja je sve to rastrubila — žene, supruge, nerpestano trtljaju i jedna drugoj saopštavaju stvari za koje bi se poverovalo da imaju toliko pameti da ih zadrže za sebe. Narušavaju sopstvenu privatnost i sve dospeva na tapet kao da svi živimo u nekoj bračnoj kućerini za izdavanje. Šta bi s diskrecijom? Gde je ponos? Šta je izazvalo ovu dvoličnost i srozavanje takta?

A ja, naravno, stradavam zbog toga. Par koji poznajemo rastura se i moja mi supruga saopštava šta je još jedan kvaran muškarac napravio savršenoj, bez greške ženi kojoj je pre više godina vrana mozak popila te se udala za njega. Pogledaj bilo koji par koji poznajemo, veli Endžel. Žena je celovitija, načitanija, pametnija, i mnogo prijatnija od muškarca. Odemo kod nekog na večeru i ženski razgovor je kudikamo zanimljiviji.

Izgleda da mi ova kvrga na zglavku raste. Jebi ga. A i u grlu me grebe od jutros. Pa tek sam pregrmeo laringitis, koji mi je sad?

S druge strane, ovo je Vilidž, sve što se može probati sa zaustavljanjem propasti proba se ovde, eto i mene spremnog za akciju. U besplatnom listu koji sam našao u holu piše sve o tome: mogu početi s lekcijama iz Aleksanderove tehnike, proverenog postupka za dostizanje svesnosti i telesnog prevaspitanja i regulisanja držanja, a onda otići i kupiti Bahove cvetne lekove, skoknuti do Centra za disanje, zastati malo kraj Centra za jevrejsku meditaciju i isceljenje, upisati se na nekakvo t'ai či vežbanje lakih kretnji kojima se postiže vitalnost i zdravlje a ako stvari ni tad ne krenu, mogu se podvrći kvalifikovanoj Rolfes masaži dubinskog tkiva. Gurđejevljevska diskusiona grupa možda bi se zgodno uklopila, a ako mi treba društvo tu je Nežno bratstvo da učini „ovu planetu mestom gde se ljudi mogu bezbedno voleti". Tome nema falinke. Kad nabavim šerpe i lonce mogu se malo baciti i na gurmansku vegetarijansku kuhinju i, povrativši svoju energetsku ranotežu, izići i latiti se Funkcionalne integracije po Feldenkrajsovom metodu. Društvo Vedanta pružiće mi sve te divote zajedno, a inače mogu da svrnem u mesni Bazen spokojstva gde ću plutati u rastvoru telesne temperature, oslobođen teže. Već mi je bolje.

Ali dok se budem probijao tim raznoraznim stazama do ispunjenja, možda bi trebalo da malo treniram borilačke veštine tako da mogu da uvrnem muda svakome ko pokuša da me zaustavi.

Još jedan par koji svi posmatramo jesu Luelin i Ana. Luelin se povukao u Vermont da praktikuje Zen i to će potrajati tri meseca. Kad se vrati kući opet će pustiti kosu a onda će dogodine u neko doba ponovo obrijati glavu i otići na četiri meseca, ili pet meseci, on to misli ozbiljno te se ne može reći kuda će ga to odvesti, oni na kraju prelaze u celibat, zar ne? A šta će tad biti s Anom? Sad mora da se vozi u Vermont da vidi muža. Luelin godinama praktikuje Zen i stvarno je stigao do ranga kaluđera. To je nešto manje nego *sensei*,[1] ali je ozbiljna stvar. Kad je ovo poslednji put odlazio Ana je priredila žurku i držala se dobro, bez zezanja, bila je razdragana i čvrsta, i svi smo pili i jeli i smejali se i provodili, samo je Luelin bio sav kiseo. Čini mi se da je bio kivan na nas što nismo nastojali da ga odvratimo od odlaska i tako mu pružimo priliku da se još više junači celom paradom. Ali zašto bismo? Najzad, već je bio obrijao glavu, jadni bockavi Luelin. Vrlo dobro izgleda u svom asketskom izdanju, visok je nešto preko 160 i ima čvrst zaobljen trbuh, kad skine naočari s rožnatim okvirom vidi se šta bi mogle biti istočnjačke plohe lica, put boje šafrana; što više uči, više mu se menja lični opis. Potpuno verujem u njegove sposobnosti kao Zen-kaluđera, rado ću mu sve oprostiti zato što je dobar pesnik. Sviđa mi se i to što su Zen-kaluđeri samoživi, naduveni, ćudljivi, što okrivljuju žene kad stvari krenu naopako, što muštraju decu i kao kugu mrze da gube u igrama. Navodi me na pomisao da imam štofa da i ja jednoga dana postanem Zen-kaluđer.

Ali sad govorim o parovima koji više nisu sasvim zajedno, govorim o *beskonačnom zadatku ljudskog srca*. To je jedan stih Delmora Švorca. Rat između Endžel i mene stigao je do tačke kad u vojevanje ubacujemo druge brakove. Moje teško oruđe je Luelin, on nagoveštava izvesnu tajanstvenu potrebu nedostupnu kliničkoj analizi, izvesno divlje dostojanstvo dato muškarcima naših godina koje bihejvioristi ne mogu da objasne. Sedi u nekakvoj promajnoj seljačkoj kući, uspravljen, prekrštenih nogu, po dvadeset sati dnevno, hoću da kažem na tim Zen-povlačenjima stvarno se meditira, nikakvo zajebavanje ne dolazi u obzir. A sve što Endžel uspeva da skupi u odbranu jeste da je ona

---

[1] *Sensei*. Majstor, učitelj. *(Prim. prev.)*

odavno nanjušila sebičnost u ideji Zen-budizma, a na to verovatno postoji neki odgovor koliko ja znam Zen a ne znam a to znači da znam.

O-o, evo još jedne, krenula u pljačkaški pohod, vidi se da su odvažne, nisu one krive što gamižu i što su gnusne. Primećujem da se lakše vide ako ih pospem bornom kiselinom, zapućuju se pravo na nju kao istraživači Arktika. Zašto ih toliko ružimo? Ova drugarica je devet spratova iznad ulice, kolonizuje višespratnicu koja je i nagradu dobila, hoće da donese bubašvapsku civilizaciju u divljinu neznanih tvrdih blistavo osvetljenih površina, na mineralni teren, kao što je Mesec, gde ništa ne raste. Pre neki dan pljesnuo sam u kuhinji po radnoj ploči iza jedne da vidim šta će i ona se nije sjurila niz stranicu ploče nego je skočila u klisuru između ploče i hladnjaka, rade ono što moraju, kao Buč Kasidi i Sandens Kid, iznenađuju vas, iznenađuju same sebe, pod stresom su nepredvidljive, kao i mi, možda ih zato i ružimo.

U stvari, mislim da one i sprečavaju Endžel da se dovuče za mnom. Kad dođem kući plaši se da sam ih doneo u koferu. Kad ona dođe u grad i krene sa mnom na piće pregleda zidove tavanicu pod pre no što sedne. Možda će se navići što ih više bude viđala. Jedino što ja u to ne verujem, Endžel je Kneginjica na zrnu graška, najčistija osoba na svetu, kad ništa ne radi ona čisti sprema sređuje izbacuje, čak ni Priroda nije imuna na njeno nemilosrdno raspremanje, ona plevi, kreše, podrezuje, voli da odseca stvari koje štrče, što sam joj mnogo puta i rekao, ali u kući, domu njenom, Kosmos je sređen pre no što bi nered mogao i pomisliti da se napravi, morao sam da otimam poluispijene šolje kafe koje su odletale sa stola, grabim svoj tanjir s večerom, panično otvaram neotvorenu poštu s poslužavnika, privijam jutarnje novine uz prsa, vezujem se za stub unutrašnjih stepenica da me ne odnese olujni vetar njene urednosti. Pokušava li ona to mene da oduva? Jednog dana prošle sedmice pozvala me, srećnim glasom, stvarno dobro raspoložena, preduzimač je upravo bio završio postavljanje novog septičkog tanka. Poželeh da podelim s njom tu radost. Rekoh zašto ne priredimo veliku zabavu na kojoj će svi ići u klozet.

Trebalo im je celo jutro da podignu skele ispred firme Udruženih predionica. S tim belim kapama odavde izgledaju kao moleri, ali u stvari nešto ukucavaju u ciglu zgrade.

Sinoć je Pol priredio rođendansku žurku za Brižit, koju voli, ali ne hita da oženi. Pol piše scenarija a Brižit voli delimično zato što nije glumica, pozorište je ne zanima i ne želi da piše niti da režira filmove. Rezervisao je Teksarkanu zato što je ona iz Nju Orlienza. Brižit je zelenooka i crvenokosa i tamo dole je vazda visila s demokratskom političkom ruljom. Posle takvog tuluma nema bogznašta da se sazna. Imala je vic za nas: *Zašto žene imaju pičke?* Počekasmo. *Zato da bi muškarci razgovarali s njima.* Endželi se Brižit mnogo sviđa. Bilo nas je tri para za stolom, treći Fredi i Pija. Fredi sad provodi dane nastojeći da okaje svog Pulicera za roman. Obožava Piju, koja je sićušna lepotica blistava uma i ljupkog smeha, i ima dobar posao u oglašavanju, ali ništa više ne hita da je oženi nego Pol da oženi Brižit. Uza sve obe veze izgledaju čvrste, što primećujem da je slučaj kad između muškarca i žene postoji najmanje dvadeset godina razlike. Ponekad Fredi i Pija izlaze zajedno s Kimberli, Fredijevom kćerkom iz prvog braka. Pija i Kimberli se doista dobro slažu, a što i ne bi kad su ista generacija.

Najerotičniji ples koji sam ikad video: otac i kćerka igraju valcer na proslavi bar micve[1] u hotelu Peta avenija. Nikad nisam video zanos ravan tome, sitna vitka devojčica u baršunastom crnom odelcu i belim čarapama naslanja se na ruku svog zgodnog oca, a on je vrti po sali i gledaju se u oči.

Gledam se ponekad, reče jednom Fredi, pa mi se čini da imam velik. Drugi put, ne znam, izgleda mi mali.

Bred mi je jednom ispričao da se ne kupa u kadi zato što ne voli da gleda svoje telo.

---

[1] *Bar micva* (engl. Bar Mitzvoh). Verski obred kojim trinaestogodišnji jevrejski dečaci postaju formalni članovi zajednice. *(Prim. prev.)*

Za razliku od njega, moj prijatelj Saša kupa se satima, i priče piše na ploči postavljenoj na ivice kade, tako čita i priče svojih studenata, i u stvari ceo svoj intelektualni život živi u vodi.

Sem mi reče da čak i zimi posle saune skače u jezero iza svoje kuće. Eto šta čini filmske zvezde. Sem, najbolje-izgledajući, najslavniji glumac na svetu, upitao je jednom Fredija: Usamljen sam, znaš li koju mačku?

Ne govorim o razvedenim parovima, nego o parovima koji nisu sasvim zajedno. Da razlučimo ovde neke važne stvari. S jedne strane su oni u tradicionalnom braku, oni koji se svađaju, vrište, kao kakvi grozni tumori šire jedno drugome po mozgu, sve dok jedno od njih ne umre. Moji roditelji su imali klasičan udžbenički brak te vrste... S druge su oni brakovi koje treba hitno rasturiti, već posle nekoliko meseci, dana, časova, brakova tako očigledno razornih, ne-dojebivih, možda, da se čak i advokati drčni na zaradu klo-ne, kiselih lica, i obavljaju stvar što brže i bolje mogu.

Njišući se poput klatna između ta dva arhetipa, dodi-rujući oba no ne hoteći da budu ni jedan, jesu brakovi moje generacije.

Sad vidim šta rade, pričvršćuju skele preko oplate cig-le, sprat po sprat, dižući je uz put. Juče su bili na Predioni-ce, danas su šest stopa iznad, na Udružene. Kao planinari, lica okrenutih zidu, ustrajno čekićaju, četiri sprata iznad Zapadne ulice Huston. Čudno je što kroz ceo bučni ka-mionski saobraćaj, trube, sirene, čak dovde mogu jasno da čujem pikolo udarce njihovih čekića.

A dole ispod njih, svijajući oko ugla iz ulice Grin, sitna dečica nanizala se iza raširenih učiteljičinih ruku, ručica u ručici, lepršaju i mašu kao plamenci od krpica. Ona se nap-reže i naginje napred, vukući ih kao stari jednokrilac kad nosi za sobom reklamu preko neba.

Imamo dakle fenomen onih koji nisu ni u braku ni ra-stavljeni, nego ne više sasvim zajedno. Selidba muževa u sopstvene gajbe, sopstvene duge dane i noći. Napuštanje bračnoga zdanja. Kako počinje? Kad si nekoliko godina u braku počneš da čekaš a da čak nisi ni svestan, na oprezu si za nešto na rubu šume, digneš glavu s pašnjaka a ono čak i nije tu, samo tanana slutnja iza svih zbivanja svih prigoda provođenja vremena, kradenja vremena, ubijanja vremena. Je l' tako, kompadre? Hoću da kažem istrpite me čak i ako mislite da snagu izvlačim iz brojeva: opažate ljude mlađe od sebe kako iznebuha odapinju od srca, embolije, aneurizama, kako naglo propadaju od raka, očas može da ih pokosi bilo šta, a glavno postignuće u životu tek im je predstojalo. Od danas do sutra njihov naprasit karakter postaje plačevan, sva ona rešenost i veliki planovi prelaze u patos, a po meri šivena odela ostaju da vise u ormanu kao aveti. A i za ono što su postigle te razgalamljene, dupeglave vatre žive ispostavlja se da je sramotno skromno, od malog značaja, uglavnom su sami sebe predstavljali javnosti i svu onu buku koja ih je okruživala pravili oni lično. Tako moje otkriće u pedesetoj jeste da je to smrtno srljanje u samoću jedna opšta zaraza, to je ta vest koju donosim. Ne znači to da je svak koga poznajem sjeban, nepotpun, neostvaren. U celini, svi smo mi prilično odvažni. Sam život kao da je manjkav.

Na kraju krajeva, kao što rekoh prijatelju Saši koji je svratio na piće i da vidi gde sam, imam za sobom dela i priznanja, lova do krova, imam četvoro dece koju volim i za koju se nadam da ću ih uskoro podići dotle da budi koliko-toliko nezavisna. Žena mi je duhovita i privlačna. Imamo kuću pod hipotekom u šumi i kuću pod hipotekom na moru, imam pristojne mogućnosti da putujem kud mi dune, a što se tiče ostvarenja Endželinih najcrnjih sumnji povodom ovog ateljea koji sam namenio svojoj boemiji, prilično sam siguran da će mi doći svaka od pola tuceta žena koje će, pozovem li ih malo ili nimalo unapred, biti ushićene da provedu noć sa mnom. To je skromna procena. Doći će svojim kolima, doleteti iz drugih gradova. Ipak, ne pozivam ni jednu, usamljujem se, mene u mom stanju mirovanja ništa ne može utešiti. Hodam ulicama osećajući se kao skitnice, oči me peckaju od očaja.

U bubregu me nešto bolno probada.

Isuse Hriste, posle nekog vremena naučiš da naprosto ne dižeš pogled kad u Njujorku začuješ sirene. Upravo je tik pod mojim prozorom, devet spratova niže u Ulici Huston, policija u punom sastavu izvršila hapšenje, troja policijska kola parkirana ukoso, dva plavo-bela mopeda, tuce pandura i detektiva u civilu muvaju se oko Mobil-gas pumpe a jednog vitkog čoveka s rukama u lisicama zavrnutim za leđa guraju u neobeležena kola s rotacionim crvenim svetlom na krovu. A ja, sedeći nad poslednjim pasusom, propustio celu predstavu.

Razumljivo, čitav ovaj deo grada kipi od želje za uspehom. Zapušteni alkosi dolaze u ulicu sa svojim neverovatno prljavim masnim krpetinama i brišu vetrobrane automobila koji čekaju na semaforu a onda pružaju ruke za napojnicu. Nikad ne prete, mogu se i oterati, samo što ti to obično ne znaš ako imaš tablice Džerzija. Vrate se na pločnik i puše, puvanderišu se i smeju do sledećeg crvenog svetla. Kad je hladno, založe vatru u starom benzinskom buretu.

Dole Džejk pazi da mu ne promakne prilika da se obogati. Pa pustio je korene na tom mestu, kakve on prilike ima? No proizveo je sebe u preduzimača, ljudi svakodnevno prolaze kraj njega ulazeći u ovu višespratnicu ili izlazeći iz nje, u zgradi sigurno živi šeststo ljudi. Džejk se osmehuje, prenosi poruke, prima pakete, pomaže oko torbi, čuva kola, decu, pristaje da mu se plati. On je, takođe, i posrednik za čistačice, perače prozora, popravke automobila, stručnjake za uništavaje gamadi. Vaš vratar Džejk je čovek dobar, ali siromašan. Je l' ako da vam ispolira auto? Da vam bude lični šofer? Treba li da vam se izglačaju podovi, on će otići i iznajmiti spravu i postarati se za to kad mu istekne smena. Treba li da preselite nameštaj, on će otići i naći negde kamion. Popraviće vam toster. Omalati zidove, on je majstor za sve, odsek vratari.

Vaš vratar Džejk je čovek dobar ali siromašan. Ja imam kaput od alpake. On jednog hladnog dana upire oči u mene. Kad vam dosadi, veli, setite me se. Takav kaput želim. Lopovski osmeh, krupni zubi, voli stil, zgodan crni čovek s brkovima. I mom se šeširu takođe divio.

Sve bi bilo sasvim lako kad bi stvari između moje žene i mene tekle glatko. Na kraju krajeva, sve je leglo. Ona mi kaže da smo pregurali teške godine, godine koje su preostale trebalo bi da budu dobre. I bi. Pokušavam da zamislim stanje spokojnog zadovoljstva u ljubavi, podudaranju naklonosti, bezazlenoj darežljivosti mekih usana, smehu i bludu, i radovanju novome danu. Vaš san je opomena, saopštava mi frau doktorka. Moja teorija o klimavim brakovima nije ostavila neki utisak na nju. Stižete do tačke na kojoj bi svaka odluka bila bolja od ovoga što sad sebi radite.

A to je ono što mi je rekao i moj prijatelj Saša kad je prešao pogledom preko ovog polunameštenog prostora. Il' se useli il' se iseli, to mi je Saša rekao.

I tako, pre neko veče nađem se s Endžel i idemo mi na predstavu-korisnicu Ženske političke stranke povodom koje je Mojra izišla bila na večeru s koleginicama one noći kad je Bred suprug joj upao sa švalerkom. Korisnica se održava u jednom raskošnom stanu na Bikner Plejs i sastoji se u tome što svi stoje u biblioteci nabacujući vinski zadah, a potom se okupljaju u dnevnoj sobi na program sastavljen od pesama koje peva nekoliko pevačica iz brodvejskih predstava, svaka, kad na nju dođe red, uz klavirsku pratnju nastupa na temu žena — kako su jake i nepokolebljive i divne i sve mogu da izdrže ali kako, s druge strane, ne treba da se boje da razviju krila ili se osmele da budu leptiri i puste da im se duše vinu. Pred sam početak pevanja vidim Breda kako spušta svoju čašu vina na uza zid postavljen art-deko sto od čvornovatog drveta i iščezava u pravcu ulaznih vrata. A ja, budala, dao da me zarobi gužva duž zadnjeg zida iza redova zauzetih bridž-stolica, ni slučajno da mi ne promakne nešto od programa. Pijanistkinja daje ton s onim lirskim arpeđima, onim razmetljivim akordima i dramatičnim basovskim oktavama šoubiznisa, i eto Feminizma u glasu ogavne brodvejske kulture, usta joj otvorena, ruke grle vazduh, lepidopterozni dlanovi sklapaju se i rasklapaju, a fotografkinja skače na stolicu da snimi radnju. Ali poslednja tačka je dobra, izlazi mala pevačica-prva-liga i ta stvarno ima stila, vrlo je elegantna u jednom od onih izguvanih šivenih odela s razdrljenom svilenom bluzom, i dok stoji s rukama u džepovima na francuskom peva neku američku

pop-pesmu sa strastvenim prkosom jedne Pjaf, a potom va-
di ruke iz džepova i izgovara reči na engleskom to je ona
pesma koju žene vole, kaže čoveku koji joj se vratio kome
trebaš ko te hoće, preživeću, preživeću, i stvarno diže tem-
peraturu u sobi, uzvici uzbuđenja, žamor po celoj odaji dok
ona govori čoveku u pesmi da se gubi, da ga ona neće na-
trag, da više nije rado primljen, da će ona preživeti i bez
njega. I kuća se prolama dok ona odlazi dobacujući svoj
sopstveni završni stih, ne stih iz pesme — hej, čekaj, kud'
ideš?

Ja kud' idem, dole, do poštanskog sandučeta da vidim
ima li vesti od Tamne gospe mojih soneta.

Pa, uvek ima novo sutra. Tešim se molbama za priloge
koji se odbijaju od poreza a koje stižu pred kraj godine:
Spasimo kitove, Spasimo mladunčad foka, Spasimo brazilsku
džunglu. Brazilsku džunglu? Znate, gubimo milione
kvadratnih milja godišnje: brazilska džungla odlazi a s njom
i ekosistem cele planete, gubi se omotač atmosfere i ulazi-
mo u novo ledeno doba. Hriste Bože, ni pomišljao nisam da
moramo brinuti i o brazilskoj džungli. Spasimo decu, Spasi-
mo vašu alma mater[1], udelite ocu koji vodi ono sklonište na
Tajmz Skveru za odbegle klince-munđaroše, spasimo Po-
velju slobode, otresimo se revolvera, dosta s molitvom po
školama, spasimo američke starosedeoce, spasimo Crnce,
spasimo se od nas samih, *Dios mio,* spasi nas od pića i her-
pesa, spasi nas od pišanja u kosmosu, i od nasmešene slike
našeg izabranika, i od svečano-ozbiljnog Černjenka, i spasi
nas dragi Bože od njihovih čegrtaljki.

Najveći deo tih papira nije ni adresovan na mene nego
na stanara iz 9E. Pa, lepo je kad te komšije srdačno prihva-
taju. Vidim da su članovi jedne kineske maloletničke bande
osumnjičeni za ubistvo Kaifan Čenga, starog četrnaest go-
dina, upali bili pre neko veče na zabavu priređenu za viso-
koškolce sa Istoka. Razigrani demoni je naziv bande, ali ni-
kad ne postoji samo jedna banda, njihovi dindušmani su
Fantomi vetra. Fantomi se bave obezbeđenjem, izigravaju

---

[1] *Alma mater.* Naziv za univerzitet ili visoku školu koju je neko zavr-
šio. *(Prim. prev.)*

gorile pred ilegalnim kockarskim jazbinama, možda i pos-
reduju. Demoni izvode isto sranje jednu ulicu dalje. Svaki
čas između kineskih bandi izbije rat i prihod svima opadne.
Ja sam jedan od malobrojnih među poznatim mi sve-
tom koji zna da je neki kineski botaničar-useljenik iz pro-
vincije Sečuan ukrstio 1926. kinesku pomorandžu s belgijs-
kom pomorandžom i tako začeo američku industriju citru-
sa.
Vidim Kineščiće kako tapkaju maoističke novine na
stanici podzemne železnice kod Astor Plejs. Mahom curice.
Priredile nešto kao žurku. Zezaju se za sebe, po kineski.
Kad se sad vozim podzemnom železnicom čini mi se da
je istinsko putovanje ono niz stepenice, otprilike onde gde
je svako kog poznajem odustao i počeo da uzima taksi. Ja
sam se vratio u svet useljenika, vidim oglas telefonske kom-
panije kojim nam se daje na znanje da od sad postoji i izda-
nje Žutih stranica na španskome, zanimljivo, i vidim neveš-
to naslikane slike na staničnim peronima, zanimljivo.
Upravo sam, jednim pogledom odgonetnuo tajnu, na kon-
cu ću verovatno objasniti sve Tajne, prave crte kod Naske,
kamene glave na Uskršnjim ostrvima, Stounhendž, brodo-
ve koji plove bez posade, i tako dalje, ali sad ću objasniti
grafite. Grafiti su težnja čađu ugušenog velegradskog srca
za sunačnim životom tropa. Recite gradonačelniku da oboji
vagone podzemne železnice raskošnim tropskim bojama i
više ih niko neće škropiti raspršivačima. I slušalice, zanim-
ljivo. Prelazim pogledom preko vagona, jedan dva tri četiri
para slušalica prikačenih na majušne magnetofone, a evo i
nečeg iz bajkovite prošlosti, čovek čita knjigu. Kad sam se
kao dete vozio podzemnom železnicom, čitao sam knjige iz
biblioteke, nedeljama sam, dok sam se sredom vozio s IRT[1]
lekaru da dobijem injekciju protiv alergije, čitao velike de-
bele *Les Misérables,* prijalo mi je saznanje da je Žan Valžan
živeo jadnijim životom nego ja. Ali slušati muziku u zma-
jevskom ždrelu? Ko su ovi ljudi koji slušaju na svom putu
udaljavanja od pismenosti? Pre no što smo naučili da piše-

---

[1] *IRT.* Jedna linija njujorške podzemne železnice. *(Prim. prev.)*

mo u svetu je dejstvovao drugačiji sistem opažanja, glasovi su bili rastelovljeni, pričale su se priče, duhovi su govorili kroz šamane, bili smo braća s životinjama, je l' tako? Bog je prestao da razgovara s ljudima tek kad su se oni o tome raspisali u Bibliji. S druge strane, u čemu je uopšte razlika: daš ljudima slušaličice, oni ih nataknu na uši, pokažeš im ekran, oni bulje u nj, izgovoriš čaroliju, oni potpadnu, pevaš, oni pevaju s tobom. Porubi se dižu i spuštaju, neko vreme svi oni idioti po barovima nosili su kaubojske šešire a ja, ja nikad nisam našao šešir koji bi mi stajao kako valja, nikad nisam otkrio stil šešira koji bih osećao kao svoj, stvarno svoj, policilindar, meki filcani, švajcarski tirolski, islandski ribarski, francuski bere, ruska jagnjeća šubara, bejzbol--kačket, sombrero, žirado, tropski šlem, pilotska kapa, pletena stražarska, na meni sve stoji kao lonac. Ne samo šeširi nego i sva odeća, nikad ništa ne stoji kako treba niti je bez neke greške, ili se ne zakopčava dobro ili ima nabor preko lopatica iđe s kravatom ili bez kravate, vrat mi je predebeo za rolku, oči preblizu usađene za avijatičarske naočari, ako imam prikladnu košulju pantalone su na čišćenju, ne mogu da nosim prsluke šortseve lančiće medaljone satove prstenje kravate leptir-mašne. Osećam se OK samo u starim puloverima i somotnjacima i izlizanim kratkim čizmama, ne femkam se, moj Ajnštajnovski izgled, u njemu nema pretnje, svete, baš sam ljubak — malo rasejan, rastresen bez seksualne izazovnosti — gubim sitninu i zaturam ključeve, smešim se dečački, pobuđujem vlasničku pažnju u žena, raznežen sam i blag, radoznali mi duh nezagađen besom.

O Dženi i Niku ima da se kaže to da su u redu, raspetljavaju stvari što mi je milo, međutim Nik je napravio nešto čudno, ima okruglo pedeset, iskopao je ogromnu jamu u svom podrumu. Žive u gradskoj kući u Filadelfiji, četiri sprata skroz isplanirane, s ukusom dizajnirane raskoši, a ceo najviši sprat pretvoren je u Nikov studio, sve s procesorom reči, Tunturi biciklom za vežbanje i Everlast bokserskom vrećom. Dženi, koja pravi lokalni TV dnevnik, nema po ceo dan, dete im rano ujutru ide u Foksglav ili tako negde, ali vodajući me pre neki dan po kući Nik reče da se oseća zgaženo, stešnjeno, Dženi mu se trpa i suviše blizu, kupuje mu stvari, iznenađenja, pomične reflektore za ured, neskraćeno izdanje OED u sedamnaest tomova, do grla mu došlo. I tako, reče on, vodeći me dole u podrum pa još sprat niže, uzeo je preduzimača, i šestorica ljudi s lopatama ručno su raskopali staru otvrdlu kolonijalnu zemlju pod kućom i ovde u ovom pod-podrumu napravili mu radnu sobu u kojoj nema telefona, do koje ne dopire nikakav zvuk i niko ne sme da uđe, ni dete ni žena. Ključem otvori zakatančena vrata, upali svetlost i uvede me: Nik, straobalno, rekoh dok je on jarosno likujući buljio u mene, stvarno veličanstveno, rekoh, stojeći u toj studenoj katakombi diveći se graškama smole na lamperiji. Za naselje ću mu poslati bure amontiljada.[1]

Zvono.

Stigle mi police za knjige, ovo je sveti čas radosti.

Jebo ih bog, nisu sastavljene. U najdublje govnjive jame pakla šaljem čovekomrsca koji je izmislio uradi-sam. Radio sam sebi dok je sveta i veka, opičih palac, nagnječih šake o metalne udlage. Mejd in Jugoslevia... Moj prijatelj Tasić je iz Dubrovnika, kad ga vidim ima da ga šutnem u dupe.

I eto ga, najgore vreme, kad zbog mojih nekoliko dana slobode s pićem u ruci iz gluposti okrećem broj koji ne bi trebalo da okrenem. I ona takođe drži piće, siguran sam. Kako ide u saraju? pita ona. Daj, Endžel, ne počinji. Pre neko veče kod Dejvida i Nore stvarno me je zabolelo kad si svima rekao da imam pravo na posete. Bio je to štos! Niko se nije nasmejao. Ja ovde radim, Endžel, ovo je moje sklonište kao Luelinu njegov ašram ili kako ga već zove. Zvuči sjajno kad ti to objašnjavaš, Džonatane. Ali kad ja pokušavam da objasnim ljudi me gledaju kao da sam preispoljna glupača. Porodice zatvorskih pitomaca imaju pravo na posete, velim ja. Hteo sam da natuknem da je pisanje kao osuda — ono je oličenje zatvora. To je oličenje tesno-

---

[1] *Amontiljado* (španski amontillado). Svetli suvi španski šeri. (*Prim. prev.*)

grudosti kad sam ja u pitanju. Zatarabio si se i ne daš mi ni da primirišem. Endžel, pa razgovarali smo već o tome. To što ja imam jedini ključ obrazlažem osećajem za isključivost poseda, vlastite teritorije, mesta gde mogu biti sam i raditi. To nije zato što hoću da ti se uvaljujem, Džonatane. Ne znam ja šta je to stvarno kad mi rođeni muž ne veruje. Stanka. Mislim da je i loše to što samo ti imaš ključ — nije bezbedno. Šta misliš da bi se moglo desiti, pitam. Ne znam. Šta ako se razboliš? Ako se unesrećiš? Šta ako slomiš nogu, dobiješ srčani napad, ako te udari kap? Baš ti hvala, Endžel.

Hriste Bože, već je pobola kočiće po ovom stanu sa svojim rubljem koje je ostavila da se suši na šipki tuša, s mantilom za kupanje obešenim u plakaru i tečnošću za kontaktna sočiva u ormariću za lekove. Šta ona hoće! Kud god se maknem, mora i ona. Neki put iziđemo, a ona se obukla u boje koje i ja imam na sebi. Podražava muški stil, laneni žaketi i pantalone leti, oko vrata labavo vezana kravata. Teško je videti šta se zbiva jer ove se godine sve oblače kao transvestiti. Za zlo uzimam jedino na njoj. Ponekad, kad ozbiljno razgovara, zamišljeno trlja bradu, kao ja.

Sad vidim šta rade, izvaljuju ciglu, prave prozor. Izbili su pola U, levu stranu D, uništavaju Udružene predionice, šta na to velite, ti momci se batrgaju po skeli na četvrtom spratu uz opasnost da skrljaju vrat, da bi neka ušinuta pederiška imala svetlosti na svom potkrovlju. Neće moći da siđu drukčije do da izbiju ciglu i uđu. A i hladno je, jarbol na Svetskom trgovinskom centru sleđen.

Mogla bi me zapasti porotnička dužnost. Uvršćen sam u spisak mogućih porotnika povodom tužbe koju je jedna mlada žena podnela protiv mešovitih vlasnika lanca odmarališta namenjenih zabavi neoženjenih i neudatih. Mlada žena, Dirdri X, zaputila se sama na Karibe u jedan takav hotel s nazivom Ostrvo Ljubić-kapetana ili nekim sličnim, isto tako strahotnim, gde je hotelsko osoblje, kako se i obećavalo u oglasu, preduzelo sve korake da joj omogući prilike za druženje. Jednog dana, recimo, nju i nekoliko gostiju odvezli su autobusom na divnu udaljenu plažu i tamo nutkali rumom i vinskim punčom i uveli u razne zabavne igre i vežbe. U jednom trenutku, rekoše im da se te igre i vežbe najbolje izvode u Evinom kostimu. Dirdri X pod zakletvom izjavljuje da je odbacila svoje inhibicije i gologuza dipala po suncu. Onda ju je privukao taj-i-taj gologuzi mladi čovek. Ostali su se već razvrstavali po parovima i iščezavali iza sprudova pa su tako učinili i oni, kikoćući se, pohitavši u mirnu proseku u visokoj obalskoj travi. Dok je vetar blago ćarlijao a veliki plavi karipski valovi zapljuskivali obalu, Dirdri X se upustila u vršenje oralnog seksa na mladom čoveku. Ovo je, na strogo tehničkom latinskom, najobazrivije što se moglo, ispripovedao njen na Bobija Kenedija ličeći advokat u mrkom odelu s prslukom. Saziv mogućih porotnika pretvorio se u uho. Nikad neki advokat nije imao pažljivije slušaoce. Njegova se klijentkinja upustila kao što je opisano, reče on, kad tri ostrvljanina iskočiše iz trave, premlatiše sirotog dudlanka i odvukoše Dirdri X i silovaše je.

Zločinci nisu uhvaćeni. U tužbi Dirdri X ističe se da su hotel Ostrvo Ljubić-kapetana i njegov mešoviti osnivač morali obezbediti plažu za vršenje radnji koje su dovele do osramoćenja njene ličnosti.

Na Roberta Redforda ličeći tip koji se predstavio kao savetnik odbrane takođe je nosio mrko odelo s prslukom: Mi ćemo dokazati, reče on, da se taj incident uopšte nije desio, ali i da jeste, hotel Ostrvo Ljubić-kapetana ni na koji način ne može snositi odgovornost za posledice životnog stila Dirdri X.

Oba advokata su svoje stanovište bestidno obrazlagala mogućim porotnicima, pod izgovorom da nam moraju pružiti neophodni uvid kako bi uzmogli proceniti stupanj naše objektivnosti. Nije bio prisutan ni jedan sudija, samo sudski činovnik s malim lutrijskim bubnjem koji je izvlačio imena sa spiska i izvodio prozvane na porotničke stolice. Očajnički sam želeo da me pozove. Prosejavanje je bilo žestoko. Neudata žena iz tužiljine generacije nije imala nikakvih izgleda da prođe pored advokata Ljubić-ostrva. Ni jedan prisutni Crnac nije se mogao nadati da će ga advokat Dirdri X propustiti u porotu. Ni bilo koja žena u godinama majke Dirdri X. Jedna po jedna, dve po dve, stolice su se praznile i ponovo zaposedale. Ako ovaj slučaj zbilja stigne do sudnice biće to čudo živo. Zagolicalo me je što su se društvena merila pomakla dotle da neka žena hoće da iziđe na govornicu za svedoke i pod zakletvom govori o svom intimnom životu i erotskim sklonostima ne bi li isterala pravdu. A takođe i to što se multinacionalni spoj u poslu prodavanja seksa brani napadom na karakter nekoga ko je kupio njihovu robu. Bilo je vrlo zanimljivo, mnogo mi se svidelo.

Na žalost, moj broj nije izvučen. Potrudih se da upamtim imena advokata pa ću telefonirati jednom ili drugom da vidim na šta je stvar izišla. Za to vreme u mojoj svesti Dirdri X sedi i čeka. Odevena je u tamno poslovno odelo i čednu belu široku košulju s nabranim čipkanim okovratnikom. Lice joj oprano, usne nenamazane, pogled ponosan i nepokolebljiv. Tuga njene priče u tome je što je Dirdri X bila toliko usamljena da se dala zavesti od jedne korporacije. Srozali su je dotle da se razgolitila na upakovanom suncu ostrva Ljubić-kapetana. Sjajna tekovina njene priče je u tome što je Dirdri smogla hrabrosti da ponovo krene gologuza, na sud, ako se tim putem može izboriti pravda, ili bar pravična nagodba s tim verolomnim nestvarnim mužem, tim reklamnim vrhovnim umom mašine za pravljenje love prometnute u napasnika.

Možda će se sledeći put Dirdri spanđati s nekim pojedincem, kao i većina ljudi, te neće ponovo morati da pod zakletvom govori o svojoj seksualnoj prirodi sve dok, udavši se, ne zatraži razvod.

Sinoćno piće s mojim prijateljem Metinglijem, izbrazdanim slikarem iz pustinje koji je došao u grad na izložbu. Dobro je ponovo se naći sa svojim ispisnikom. Saopštava mi da su se on i njegova treća žena, Mariko, rastali. Ne, kao što bih možda pomislio, zato što je on konačno našao ženu sebi za život, nakon što je revnosno i mitološki je oblikujući tragao za njom po tračevima umetnika živih i mrtvih, kustosa, kolekcionara, kritičara i drugih očevidaca čudesnog; i ne, kao što bih možda pretpostavio, zato što je Mariko konačno digla ruke od njega, najurila ga kao faustovskog bludnika kakvim se potvrdio — doista, kao zaljubljenik u studentkinje umetnosti diljem Amerike od Big Sura do Bostona, morao je da isproba čak i trpeljivu dušicu te odane Amerikančice od roditelja Japanaca s njenim ozbiljnim pogledom i mirnim otmenim ponašanjem — nego zato što se ona, Mariko, uplela u neku vezu. Ona!

Metingliju nije do lupanja glave o tome koliko nije ličilo na njegovu ženu da napravi tako nešto. Kaže mi da mu ne smeta toliko sama veza, koliko to što je tip s kojim se Mariko spetljala krele, Metingli ga zna i smatra ga preispoljnom budalom, i to je ono što se ne dâ oprostiti. I tako mi se prijatelj iselio iz svoje kuće u pustinji te živi u Santa Fe. Sad Mariko, u stvari, želi da opet budu zajedno, ali što se njega tiče, gotovo je. Ona ga je nepopravivo, neoprostivo obeščastila svojim bednim izborom ljubavnika. Šta da se kaže za čoveka kom je rogove nabio jedan prezira dostojan duduk.

Ovo, razume se, nisu njegove reči. Metingli je sa Zapada, izražava se jednosložnim rečima u čemu se delimično krije njegova silna dostojanstvenost. Grudni koš mu je ogroman od dugogodišnjeg emfizema koji bi običnog čoveka već odavno usmrtio. Njegovi lopatasti prsti crne su u pregibima, pod noktima mu se nakupila prljavština s palete i, kao mnogi slikari i vajari, u suštini je nepismen. Čovek tome može samo da se divi. A slike su mu neverovatno dobre, kao da u ljudima koje portretiše otkriva duhove, ili kao da se stene i planine koje rado bira za motive rastaču u nekakvoj elementarnoj unutrašnjoj svetlosti. Njegove se slike drže. Volim Metinglija i zavidim mu, i nekad sam želeo da budem kao on, hrabar usred sveta, drzak, ništa ne tražeći od drugih, prihvatajući nevolje prolaznog boravka, živeći zimi u pustinji, uspinjući se liticama sopstvene nezavisnosti. Ali o ironije, da on i žena mu raskinu zbog nečeg što je *ona* učinila. Bogo moj! kad su jednom kraće vreme živeli u SoHo[1] sećam se Mariko kako trči niz tamne drvene stepenice iza osvetljenog potkrovlja vičući Metingri! Metingri! kao da svojim monogamim duhom želi da ga spase iz ogrezlosti u bezakonje, vičući ne kao ljubomorna supruga nego kao duh-voditelj koji nastoji da ga spase od njegovog paklenog srljanja u samouništenje — i sve to iz ljubavi prema tom čoveku.

Elem, sedimo mi u nekom fol viktorijanskom baru na Trećoj aveniji i kad saznaje za moju novu gajbu Metingli pomišlja isto što i svi ostali. Ne čekaj da ti bude pedeset pet, on to govori o oženjenima koji se rasturaju s ženama, uradi to odmah. Meni je pedeset, zar postoji takva gradacija srednjih godina? On kašlje, odlaže cigaretu, i hrapavim glasom govori o obeshrabrenosti, očajanju, o preporađanju kroz ozbiljnu ljubav, o teškoći da se započne nov život. Mariko mu je bila treća žena a pravio je decu sa sve tri i sad radi kao lud poučavajući, slikajući, smandrljavajući poslove, samo da bi platio izdržavanje dece i svoju kiriju, nosi džins i otrcanu košulju s mašnom-uzicom, somotski sako i izlizane cipele od boksa, i prestao je da pije, njegova izbrazdanost se delimice pretvorila u gojaznost, a između zapuštenosti umetnika i obične zapuštenosti crta je vrlo tanka, to znam. Zapuštenost je stanje duha u koje zapadaju samo sredovačni muškarci, ne i žene. Sredovečne žene kad ostanu same postaju naprasite i neprestano su u poslu, pretvaraju se u zadivljujuće ličnosti i uspevaju u raznim poduhvatima. Nalaze mlade prijatelje. Ostaju čiste i uredne i s vremena na vreme promene frizuru.

Da li bi Endžel ikad uradila to što je uradila Mariko, zaljubila se u čoveka koji joj nije muž? Preti da bi. Sinoć, na moj rođendan, došla je s decom i dok su deca skitala po susedstvu reče mi da je pre dve večeri pala u takvo očajanje da je stvarno poželela da ode u neki bar. Ni na kraj pameti mi nisu bili oni ćumezi u nešem kraju. To bi morao biti neki bar poput onih u Griniču, da se zove Vafla ili Senica ili Kod T. S. Eliota. Dok sam se ja smejao tome, ona mi uruči po-

[1] *SoHo*. Skraćenica za South Houston Street, jedan kraj u Njujorku. *(Prim. prev.)*

klon, malu belu plastičnu korpu za otpatke za kupatilo, poklon od jedne koju isteruju, tako nešto je rekla, čini mi se. O široko moje ustreptalo srce: a uveče, pošto su svi krenuli natrag u Konektikat, usnih da sam u nekoj velikoj spavaonici s mnogo zauzetih postelja a na drugoj strani sobe, gledajući u mene, nalazila se Endžel. Onda se slika promeni i drugu Endžel, Endžel S, suprugu jednog izdavača koja je u poslednje vreme bila bolesna, upravo su je golu vezivali za neku vrstu ortopedskog okvira pripremajući je za operaciju na srcu. Hirurg je bio njen muž i potom ga videh kako izvodi operaciju, ispitujući s nekakvim na bušilicu nalik mikroskopom čvrsto ušrafljeni mehanizam usađen u njeno srce. A onda se slika ponovo promeni i ja se nađoh u nužniku nekog šumskog radilišta, s mnogo pisoara, nužnik je bio prepun, a na otvorenom polju iza njega, kad sam pokušao da odem, naleteh na psihopate koji kao da su mi se bili isprečili na putu, pretili mi, napadali me. Na koju god se stranu okrenuo sledovale su mi batine od tih otkačenih iskrslih siledžija koje nisam razumevao i nisam mogao da smirim. A posle toga, kasnije, u svom krevetu sam zavodio neku mladu devojku, žestoko erotična ljubavna scena, bez ikakvog osećanja krivice.

Šta sam radio na rođendan: čistio ovaj stan, dao se na domaćinisanje, usisivao prašinu, prao pod u kupatilu. Niko mi neće verovati da ja to radim.

Stigle vesti od Tamne gospe, prepredeno tempirajući stvar saopštava mi da za dan-dva napušta Atinu i polazi u Egipat. Suprotstavljen sam svetu.

Telefonirala mi moja majka i rekla da bi želela da je mlada kao ja.

Telefonirala mi visoka Islanđanka koja je, na podsticaj svoje pohotne i putene prijateljice na neki nepojmljivo otmen način predlagala da me obožava kao Eskim kad polako, strpljivo, beskrajno po tragu goni džinovskog belog medveda.

Ugostio sam ženu i decu sve ih s ljubavlju povevši na dobru meksičku hranu u našoj ulici. Niko nije rekao, a svak je osećao, kako je čudan ovaj muž i otac u svom posebnom stanu. Zamislite — zapucao i izveo štos bez upozorenja i najave. Želeo sam da me upitaju nešto o tome. Želeo sam da im kažem: ovo radim da bih otkrio zašto to radim. Želeo sam da ih uverim: na koncu konaca, dečice, moglo se desiti da me posećujete u zatvoru, ili bolnici, zar nije bolje ovo, ovo radno sklonište koje sam uredio sebi usred električnoga grada? Opominjem vas na putovanje na koje svak od nas mora poći, dajem vam pouku kako da budete hrabri u samosvojnosti, molim se da me zdravlje dobro služi, molim Boga da nam svima podari dug život u izvanredno dobrom zdravlju.

Ovaj deo molitve je iz nečeg što sam sročio pre mnogo godina, kad od prevelike sreće jedne noći nisam mogao da zaspim. Sastavio sam tu smirivaljku, tu usrdnu bajalicu da me ne snađe kazna zbog moje lude sreće. Dragi Bože, nek se tvoje milosti i dalje nižu, podari nam svima sjajno dobro zdravlje i dug život, bez boljki, bolesti i boleština, bez i najmanjeg oboljenja, duševnog i telesnog. Poštedi nas svih katastrofa, ljudskih i prirodnih, i svih pogibelji, i poštedi nas nasilja, pa bilo ono organizovano i ozvaničeno ili samoniklo i slučajno. Nek nam ne otkaže i ne ošteti se ni jedan naš unutrašnji sistem ili organ, nek naša čula ne izgube oštrinu, a naše sposobnosti i mogućnosti nek ne opadaju. Održavaj nam reflekse brzim. Daj nam da živimo u svetu mira i društvene pravde. Daj nam da dišemo čist vazduh i pijemo čistu vodu. Daj nam da živimo u ljubavi, radosti i stvaralaštvu, spoznajući hrabrost, nalazeći mudrost, i crpeći pomoć iz prosvećenosti. Mislim da ovo obuhvata manje-više sve, još te samo molim da ove divote dodeliš i svima koje poznajem i svima koje oni vole i tako dalje, amen.

Primećujem da sam izostavio hranu, ako bi se ovo uslišilo bukvalno moglo bi se crći od gladi.

Stvarno sam umoran jutros. Jesam li na dobrom putu ili je ovo konačni udarac koji sebi zadajem iz mržnje? Kada sam veran sebi a kad samo činim pokoru? Evo rođendanske čestitke od MGP kepitl korporejšn. Nisu trebali. Vidim da neka van-Brodvejska grupa proslavlja Kafkinu stogodišnjicu. Kafka bi se raskliberio u grobu od uha do uha kad bi znao da mu se obeležava stogodišnjica. Ponovo postavljam pitanje: Da li bi Endžel uradila ono što je uradila Mariko Metingli? Mislim da bi u slučaju da umisli ili se uveri da sam je prevario. Onda bi i ona prevarila mene. Bio bi to čin u interesu simetrije, kao i većina njenih postupaka, način ponovnog uspostavljanja ravnoteže ili ispravljanja nepravde, što je isto. Učinila bi to iz podražavanja, učinila bi to da bi bila ja.

Možda Endželin iskonski poriv da sijamiše, da govori mojim glasom, misli moje misli, pravi moje pokrete, meša nam duše kao boje na splačinastoj slikariji nije instinkt dat svim ženama. Katolikinjama? Endžel je irska katolikinja u braku, premda traljavom, s njujorškim Jevrejinom. Možda je ovde posredi asimilacija. Mariko, japanska katolikinja, udata je za Metinglija, zapadnjačkog animistu. Mojru, irsku protestantkinju iz Čikaga, zanemaruje Bred, prezbiterijanski novinar iz Miniepolisa. Dženi, metodistička TV producentkinja iz Ešvila, čudi se zašto ostaje u braku s Nikom, grčkim pravoslavcem iz Filija. Rejčel, izbeglica iz Mađarske, pati zbog crvenih gaća Ralfa, Aškenazija iz Bruklina. Luelin, velški budista, povukao se od Ane, kvekerke iz Svatmora, PA. Kad uđem u restoran Plava ptica na donjem Brodveju, šanker mi se osmehuje zlatnim zubima. Hej, kompadre, kaže. Dobacuje mi slojeviti jelovnik koji se lista kao partitura horske muzike. Izleću tanjiri kroz šuber, oh čili, pileća supa, oh svinjski papci, oh jagnjeći paprikaš, lazanja (domaća), pržena šnicla i suvlaki. Hrana u ovim vagonima za ručavanje sličnim restoranima je organska istorija, kao godovi na drvetu, ona je kao brodska olupina koju su izbacili valovi seoba, nanosi golemih plimnih talasa otupelog ljudstva. Cvokoću po celu noć kraj bronzanih kapija ambasade, štede svoje dinare, svoje rupije, svoje kruzeirose, umotavaju svoja blaga u sive maramice, vezuju kanape oko krhkih kofera od pruća, zakrčuju autobuse, vešaju se o tramvaje. Majke guše sitnu decu stežući ih u naručju, starci više ne mogu da se pomodrelim koščatim prstima grčevito drže za ivice čamca te ih guta slana bibavica, mladići puze ispod bodljikave žice koja im para kožu, gaze reke, svi mi

101

nastojimo da uteknemo s odećom na leđima, lepršavom odećom na svojim išibanim leđima.

Možda sam u pravu, možda naopak, možda slab sam, a možda jak...

Bogo moj, upravo sam otkrio neku kvržicu na mošnicama. Ne, to je nemoguće, ne bih ja to sebi napravio, ne bih.

Nije to ništa. Ta kožnata kesa, ta napeta torba, ta pluća seksa koja trpe svakovrsna uzbuđenja, pa mogu se valjda i na njima pokazati neki znaci habanja? Nije to ništa, iskočila vena, proveriću s vremena na vreme, tek treba da se vidi. Vidividi, čoveče, ulični preprodavac pokazuje na rukavice marame računare prostrte po pločniku. Vidividi.

Preksinoć smo bili kod Gordonovih, sto postavljen za dvanaestoro, dok mi stojimo tamo Džini nas poziva i raspoređuje gde će ko da sedne. Zašto je volim: to je svet koji kupuje Garlandove štednjake za svoje kuhinje, hoću da kažem oni lupaju krem od lososa kao što ja grejem vodu za kafu, čuveni šefovi kuhinje o vikendu su njihovi gosti u Hemptenzu. Današnja večera je siva voda po kojoj pluta grumenje neke neimenljive tvari. Džini nam je deli prestrašena a puna nade, prelepe joj oči brzo trepću.

Mmmmm, kaže neko, oh Džini, kaže neko drugi, viljuške se tiho spuštaju a razgovor postaje živahan. Lojd, kardiolog, drži banku napadajući sopstveni stalež: zavladala epidemija bajpas-operacija, kao tridesetih godina vađenja krajnika, priča on i zbog nečeg pokazuje u svoj tanjir, možda mu se čini da je u njemu krajnik. Potom Raul, mali Raul, drži sto s rutinom koju kupi u Vegasu. Raul je van sebe od napora da ispadne hrabar. Ide po vino, ali slaba vajda: Džek Gordon, urednik u *Tajmsu*, večeras toči čileansko crno. Gledam Raulovo lice i prisećam se večere u njegovom stanu-bašti na krovu višespratnice u Pedeset sedmoj ulici, sve u tonovima belog, ulašteni patos, nameštaj. A na zidovima divno osvetljene prostrane površine u boji. Soba prepuna operskih zvezda, pisaca, režisera, slikara koji su naslikali one slike na zidu, sve i svi blistavo čudo Raulove perfekcionističke duše, i mali domaćin lično, koji srećno

102

trčka prema kuhinji vičući Žan-Pjer! Žan-Pjer! Mislim da smo sad spremni za šukrut![1]

Raul se skljokava natrag na stolicu. Sedeći kraj Džini s njene leve strane, ljubim je u obraz i žrtvujem se za dobro celog društva. Tražim repete. Endžel seva na mene očima punim zahvalnosti. Pokušavam da pokupim mandžu kriškom bajate bagete. Žan-Pjer! Žan-Pjer! Mislim da smo spremni za puru iz konzerve!

U tom trenutku, dok svak prilježno ne gleda u tanjir, nad društvo se nadvija beznađe. Još pre no što shvatam šta se događa, ljudi su počeli da pričaju o tome kako su bili prepadnuti i opljačkani.

Andrea Dintenfas je zaustavljala taksi u uglu Sentral Park vest i Sedamdeset četvrte ulice u po bela dana i dok su se kola zaustavljala neki visoki mladi Crnac pohita vratima i otvori joj da uđe. Ona se malo iznenadila no pretpostavila je, logično da ju je prepoznao — Andrea je balerina u Njujorškom baletu. Njen muž Moše je arhitekta. Osmehnula se i zahvalila mladiću; kad se nagla da uđe u taksi, on joj položi ruku posred leđa i gurnu je tako da se pručila licem preko sedišta. On tad se treskom zalupi vrata za njom raspali dlanom po krovu kola i razdra se. Vozi Jebo t' ja mater! I tek kad je batrgajući se uspela da sedne primetila je da joj nema torbice koju je nosila preko ramena. Sigurno je presekao remen, reče. Sve se desilo tako brzo, tako drsko, izvedeno s ogromnom elegancijom, reče, smešeći se gotovo čeznutljivo, ni jednog suvišnog pokreta.

Džordž, sindikalni advokat talasaste kose, ima još bolju priču: Jednog četvrtka jula meseca na Long Ajlendskom auto-putu neko je otpozadi udario u njegov mercedes 300 D turbo dizel. Džordž zaustavlja ukraj puta. I kola iza njega staju, jedan teško opisivi ševrolet, i nekoliko Španaca izlazi i pridružuje mu se u utvrđivanju štete. Džordž i Španci čuče između dva automobila, kraj njih teče gust saobraćaj, tunel plamtećih svetala i plavih izduvnih gasova, i samo su njegova kola oštećena, ulubljenje, razbijeno svetlo, te on daje

---

[1] *Šukrut* (francuski choucroute), ribanac, kiseli kupus. *(Prim. prev.)*

maha svojoj srditosti dok oni saosećajno klimaju glavama, kad li on primeti da jedan drži na dlanu mali pištolj s prigušivačem. Džordž privodi priču kraju. Učtivo su ga oslobodili novčanika, sata, igle za kravatu, i dok je on čučao kao što mu je bilo naređeno, jedan od ljudi seo je za volan njegovog mercedesa a drugi otišao do prozora iza kojeg je sedela Džordžova žena Džudi, i ta dvojica je ubediše da im preda svoj nakit tašnu neseser. Pokupiše stereo trake, uzeše kofere iz prtljažnika, strpaše u džep ključeve od turbo dizela, vratiše se u svoj ševrolet čija je registarska tablica bila ulepljena blatom i, dok je jedan od njih stajao u sporoj traci da zaustavi saobraćaj, hladno se izvezoše na put i nekoliko trenutaka kasnije od njih osta samo par crvenih svetala u velikom svetlosnom spektaklu auto-puta.

Danas u podzemnoj železnici: *Efecto seguro! No mâs suciedad; no más fastidio; no más cucarachas! Johnson's No Roach — efecto rápido, un tratamento dura varios meses.*[1] Vrli Don zariva svoje koplje u Džonsonov antibubašvabin, pojahuje ragu i kreće u boj. Dok ekspres trucka kroz tunel otupele glave koje sede u redu klate se kao jedna. Poplava otupelih u Četrnaestoj ulici. Svak se povukao duboko u privatnost svog bića a treplje nam podrhtavaju od opreza zbog onih koji su nam najbliži jer ti bi nam bez upozorenja mogli naneti zlo. Moja koža moj brat. Mogu da čitam novine, ali ne mogu da mislim, svestan sam ih, oni protiču kroz mene, prisustvo otupelih tuđinaca protiče kroz mene i mi, sedeći rame uz rame a starajući se da nam se guzovi ne dotiču, u onih trideset sekundi između stanica obrazujemo trenutnu uskogrudu zajednicu koja se raspada i iznova obrazuje čim se vrata otvore i neki se od nas izguraju napolje a nove otupele mase uguraju unutra.

Odrastao sam u podzemnoj železnici, zašto se osećam nelagodno? Vidividi, čoveče, beli pican, naočari, glatko lice, tokom ovih godina pod tvojim nepomičnim avionom u letu ogromne seobe naroda prebrodile su mora, prokopale

---

[1] Sigurno dejstvo! Nema više prljavštine, nema više gađenja, nema više bubašvaba. Johnson's No Roach brzo dejstvuje, jedan postupak traje nekoliko meseci. (*Prim. prev.*)

planine, prevezle se tektonskim pločama. Mislio si da su iz-
beglice samo Jevreji ali tu se nije stalo, vrata su se naglo ot-
vorila, uvaljuju se nove generacije otupelih a ja sam potis-
nut u prošlost baš kao i ova mala starica s krzenenim šeši-
rom i plavom perikom i tankom belom puti, ova jevrejska
bakica koja s usiljenim prezirom gazi ljude ispred sebe da bi
se probila do vrata.

Vagon se prazni, sad smo dokoličari u nekom kafiću
kad veče polako odmiče. Trenutak kasnije nalazim sedište,
eto nekog mladog Crnca, dižem pogled s onog što čitam,
jednom rukom pridržava kožnu ručku na tavanici a drugom
mi pod nos gura filcani šešir pun kovanica i papirnog novca.
Šta on to priča? Desna nogavica zavrnuta mu iznad kolena,
nema nogu nego protezu, tu veštačku nogu izlaže da mi pri-
čini zadovoljstvo, daj mu brzo lovu, prikačio je odlikovanje
za obod šešira, platiću, platiću, on se izvija na ručki i strmo-
glavljuje na drugu stranu vagona, tamo se takođe dočepava
ručke, pravi akrobata, ni novčić nije ispao, koleno mu je sa
zadnje strane otvoreno pa se vide čelična osovina i zglobna
čašica, ovo nije ošljarenje, ovo je pravovaljana radinost.
Obrađuje vagon jednu stanicu, dve, ponovo je gužva i on si-
lazi.

A šta je ovo: održavajući ravnotežu na otvorenim vra-
tima platforme, neodlučan da li da pređe u ekspres, gringo
u crnoj jakni, zatvorski sivim pantalonoma, kosmonaut-
skim cipelama. O dokurca, grdi on, ima ih ko govana, nikad
neću ući, pašću na šine, a misliš da ih briga, kakvi, jebe se
njima. Niko na ovom svetu ne daje za to ni po pizde ladne
vode, je l' tako il' nije tako? Ovo on ne pita nikoga, niko
mu i ne treba, bogo moj, *sad* se u podzemnoj železnici ose-
ćam kao kod kuće, evo jednog čujnog mozga, svesti na mo-
joj talasnoj dužini, dižem se za njim, u njegovom suvonja-
vom vratu crni se rupa od injekcije, iz ušiju mu strše čuperci
crne dlake. Ututnjava ekspres, otupela gomila zdudava se
na platformi spremna da nagrne. Na vratima lokala on kaže
Treba da si izdrkana budala pa da se guziš s ovom bagrom!
Ma jebi ga, što da ne, nisam ja gori od njih... On se otiskuje.
Za tim čovekom! Shvataš koliko je dragocen? Star je kao

vilin konjic, bio je tu još pre pećina u Laskou. Taj prepo-topski umetnik moj je predak, on me je izmislio.

Provala oblaka, kiša stiže u naletima, ukoso, kao hit-nuto seme. Pokazuje kako izgleda vetar. Udara u susednu višespratnicu i obrušava se poput slapa. Mlazevi šibaju po igralištu. Nebo nad Hustonom je belo-sivo, no nešto ned-ostaje, Svetski trgovinski centar, nestao je, zbrisan. Sad ho-rizont nije viši nego što je bio tridesetih godina, u vreme mog rođenja, bude li još gore vratićemo se u minulo stoleće s Melvilovim gvozdenim fasadama. Kaldrma. Rezervoari Maja. Odškrinuo sam klizeći prozor da bi sve to dobilo glas. Ali čekaj, gacajući preko ulice, pognut, no tačno kao što nad portalima glavne pošte na Osmoj aveniji i piše, ne dajući da ga odvrate ni kiša, ni susnežica ni bilo koje drugo sranje, eto njega s velikom, preko ramena prebačenom tor-bom koja pod njegovim pončom liči na grbu.

Pa, da vidimo čemu je bio njegov trud: Da li bih potpi-sao protestno pismo protiv predstojećih poljskih egzem-plarnih suđenja aktivistima Solidarnosti? Bih. Da li bih sta-vio svoj potpis kao pokrovitelj nastupajuće pesničke večeri u korist nuklearnog zamrzavanja? Naravno. A pogledaj ovo, Hriste Bože, Haberdova pećina u okrugu Korin, Te-nesi, najvažnija pećina s šišmišima u Severnoj Americi po dr Merlinu Tetlu, međunarodnom autoritetu za te leteće si-sare: ako Rezervat ne nađe dvadeset soma dolara za zaštitu pećine, kolonija od sto pedeset hiljada retkih sivih šišmiša koja tu zimuje mogla bi da pocrka.

Kreštava stvorenjca. Zubi kao limeni trokutići za uč-vršćivanje stakla. Lepljive oči. Beli trbusi. Krilata. Seru u ogromnim količinama. Doktore, da razmislim malo, važi?

A ovde, s kišom kapi kao suzom kanulom preko masti-la boje lavande, razglednica iz Egipta. Ogromni hram sa stepenicama na Nilu. *Ovo je mera osećanja,* piše njenom rukom, *a na ovom se mestu nalazi srce.*

Opa.

Prisno saobraćamo na velikim razdaljinama. Sigurni smo u svoju neraskidivost. Osećam spokojnu odlučnost postojanja, osećam je u svom naručju.

Ali sreća se, jasno, ne da podneti duže od dve sekunde. Šta ako sam prestar za nju? Tek što počnemo zajedno da živimo ja ću se razboleti od Alchajmerove bolesti[1]. Mislite da je to smešno? Pre neki dan padoše mi na pamet oni stripovi s Vilijem i Džoom u drugom svetskom ratu, one divne crtane table iz regrutskog života. Nisam se mogao setiti umetnikovog imena. Čak sam znao i to da je posle rata crtao političke karikature za Sentluiski *Post-Dispatch*. Bil pa nešto. Onda mi dođe sporo, kao kad kuglica u fliperu vrludajući nađe put do otvora, ili kad neki izanđali kompjuterski bajt dotreperi kroz hiljadu oslabelih tinjavih cevi. Moldvin. To uopšte nije smešno. Pre neki dan sipao sam sebi piće, čašu stavio na bar, pa s bocom zaseo na sofu. Tuš me svaki put zezne — a stanem poda nj a mi se učini da zvrči telefon. Vidim mesec kroz granje pa se ispostavi da je to bila ulična svetiljka. Riknjavam. Hriste Bože. Ako ne možeš da imenuješ, nisi čovek. Zbog najprostije stvari, iza kojeg ugla da skreneš dve ulice od kuće, osetiš se isto onako sablasno kao zbog sto pedeset hiljada lepetavih šišmiša iz Haberdove pećine.

Moram stvarno da smaknem kilažu, moram se vratiti u formu, uvesti sebi neki red, ozbiljno se postarati za kardiovaskularne cake. Održavaj elastičnost arterija pa će sve drugo samo od sebe doći u red, tačno? Usporiću starenje dok me ona ne stigne, dok ne krenemo u korak. Za nju ću biti u njenim godinama, eto šta može moja ljubav. Počev od sutra.

A sad da razmislim o onome što se desilo Rajerdenu kad se *on* zaljubio. Imao sam književno veče u njegovom studentskom naselju i odseo kod njega. U ranim jutarnjim časovima, posle sedeljke, ispijali smo još po jedno poslednje piće, i on mi ispriča. Rajerden je objavio pola tuceta romana. Ni s jednim se nije obogatio ali dobro prolazi, dobija

---

[1] Alchajmerova bolest. Presenilna demencija koja se javlja u 50—60 godini života zbog degeneracije i atrofije mozga; uzrok je nepoznat; ispoljava se kroz smetnje sećanja, pamćenja i reprodukcije. Naziv dobila po nemačkom neurologu Aloisu Alzheimeru, koji je prvi opisao. *(Prim. prev.)*

stipendije i gura nekako. Pre nekoliko godina ganjao je stalno mesto u jednoj dobroj maloj školi na jugu. Bio je u braku, srećnom premda učmalom, i nit je očekivao nit je tražio, tek odjednom se zaljubio u ženu s kojom se nekoliko puta sreo na sedeljkama, suprugu dekana ili upravitelja. A i ona se zaljubila u njega. I tako, oni zaljubljeni, između njih sve ukupno petoro sitne dece, troje njegovih, dvoje njenih, a njih dvoje nikada da se nasite jedno drugog. Oslikao ju je kao drhtavo-putenu žensku, ženu koja visoko drži glavu i nije rođena za konvencionalnosti srednje klase. Bila je vajarka koja je svojim delima rado prikazivala ptičje glave na ljudskim telima. Ili obrnuto. Nije je opisivao, ali ja sam je zamišljao kao bedevijasto parče s velikim sifonima, dobrim guzovima. Nalazili su se popodne, i nije ih prolazilo, što su se više viđali sve ih je jače hvatalo. On je iznajmio sobicu nekoliko milja od studentskog naselja i čitao joj u krevetu radove za koje ga je ona nadahnula bolje od svega što je napisao do tad ili od tad, tvrdio je, ritmičku, snažnu prozu, glas njegove hrabrosti, kako se sam izrazio. Ona je, pak, kroz ljubav prema njemu shvatila da je najveći deo života prespavala. Izgarala je od osećanja. Njegovu ljubav je nazivala svojim iskupljenjem.

Na kraju uvideše da im ne ostaje drugo do da oboje časno objave njihovu vezu, do kraja se ispovede svako svom supružniku, dignu ruke od starateljstva nad decom, i odu iz grada. On će dati ostavku pa će zajedno otpočeti novi život u nekom drugom delu zemlje. Ako uspe da iščupa akontaciju od izdavača, mogli bi živeti čak i u inostranstvu. Nije bilo toga što oni ne bi mogli.

I tako, krajem semestra osvanu rečeni dan. On posla pismenu ostavku i posadi svoju jadnu suprugu u dnevnu sobu njihovog doma. Priznade joj sve osim imena ljubavnice. Ona se potrese, zabezeknu, osta poražena — pojma nije imala. Bila je to dobra, prosta devojka, na svoj način sasvim zgodna onako krhka, odana, ljubavi puna ženica, stvarno, reče on, jedino što je, pre no što je uspeo da klisne iz kuće, popizdela i, dok je istrčavao, kresnula ga po zatiljku teškim saksijom krizantema za koju nije znao ni da može da je podigne, a kamoli hitne.

Malčice ošamućen, verovatno i s blagim potresom mozga, Rajerden se odveze na svoj randevu. Ljubavnici su dan ranije krišom spakovali torbe, a sve lične stvari koje su želeli da ponesu već su bile u prtljažniku automobila — čak i neke njegove knjige, čak i dva-tri njena manja rada. Čekao ju je na ugovorenom mestu, na parkingu iza supermakreta.

Čekao je i čekao. Ona je kasnila, ali to joj je bila osobina te on nije bio zabrinut iako ga je glava bolela. Na parking stiže neki kamionet i zaustavi se kraj njega. Iz kamioneta iziđe jedan student i upita ga da li je on profesor Rajerden i, kad je Rajerden klimnuo glavom, student mu predade pismo, reče, Prijatno, profesore, i odveze se. On otvori pismo. Odmah je prepoznao njen rukopis, njena krupna romantična nečitka slova ispisana istim onim zelenim mastilom na istom onom sivom finom pergament-papiru po kojima je naslutio ostvarenje svojih najluđih životnih ciljeva: ne mogu da kažem mužu, pisalo je u pismu. Nisam u stanju da ostavim decu. Uvek ću te voleti. Nadam se da ćeš mi oprostiti jednoga dana.

Rajerden mi je sve to ispričao mirno. Pušio je jednu za drugom i gnječio opuške u pepeljari. Bio je ponovo u braku — ni s jednom od žena iz priče, nego s nekom sasvim prijatnom osobom, pomislih, koja mi je prilikom upoznavanja rekla kako joj se mnogo sviđa to što pišem. Strašno liči na Rajerdena — vitka je, plava, svetlokosa, ružičasto obrubljenih očiju. Pegava. Nema dece.

S druge strane, šta bi moglo biti pogubnije od dvadeset godina braka u kojem ona ima istu misao nekoliko minuta nakon što si ti nešto pomislio, ili pre; ili kad joj ti jednog dana kažeš kako je tvoje ja lomljivo, kako neprestano poireš u sebe i izlaziš iz sebe i ne sećaš se ko si u stvari, a ona ti kaže da i ona doživljava isto, da nestaje u sebi, i tako vas dvoje živite zajedno sve te godine a niste sigurni ko ste niti šta se od vas očekuje da osećate, ali svima i svakome poznati ste kao isti raspoznatljiv par koji su oduvek poznavali i prepoznavali, saksija po zatiljku možda je ipak bolja.

Pedesete ukorak s vremenom!

Ralf od crvenih gaća još ne spava sa svojom ženom Rejčel, premda je s njegovom avanturom gotovo. Iz analize, kojoj se podvrgava pet dana u nedelji, saznao je da Rejčel mnogo liči na njegovu pokojnu majku. Saopštava mi to dok koračamo ulicom, zagledao se u zemlju, drži ruke iza leđa, mi smo dva dobra i otmena burgera na *Spaziergangu* a za to vreme mladež se kraj nas vuče s paliteljima svog geta i žene koje prave balone od žvakaće gume mimoilaze nas na belim koturaljkama. Nije to Rejčelina krivica, kaže Ralf. Kako je njoj, mojoj ženi koja je preživela Holokaust, da kažem da simbolizuje smrt?

A strogi Saša, koji mi je rekao da se ili uselim ili iselim, napustio je svoju ženu Meri. Nikakvo iznenađenje. Zimus smo Endžel i ja išli s njima na Barbados. Ja baš nisam lud za Karibima ali dve žene su se urotile — Meri je htela da bude nekoliko dana nasamo sa Sašom ali nije bilo šanse da ga odvuče dole bez nas. Upali smo u prijatnu kolotečinu, čitanje na plaži, kupanje, tenis kasno popodne, uveče dobra klopa. Ali posle nekoliko dana Meri poče da se otkačinje. Ako moj muž uskoro ne bude vodio ljubav sa mnom, odoh u okean, objavi ona Endžel. E, i jedne noći kad su se dame povukle ja sa Sašom naručih brendi za hotelskim barom. Oko pet smo bili počeli s rumom, za večerom drmnuli dve boce dobra vina te smo obojica bili pod priličnim gasom. Soš, rekoh, ima jedno nepisano pravilo u vezi s odomorom na Karibima, ne možeš dovesti žensku na ovakvo mesto i ne jebati je. Čak i ako ti je žena. On skoči na noge s takvom pijanom rešenošću da se stolica na kojoj je sedeo preturi. Ma jasno, u pravu si, Džonatane, reče i, povlačeći pantalone naviše, otetura.

No sramotna novost je Bred: Prve večeri po povratku s putovanja po Srednjem istoku, Bred je viđen kod Elija sa svojom suprugom Mojrom. Osećam da mi tlo izmiče ispod nogu.

Endžel neprestano žvanjka da se ja nikad ne opuštam, ne popuštam, nikad se ni sa čim ne slažem, sve je uvek pitanje principa, uvek krupna i ozbiljna stvar, ništa se ne oprašta, ne zaboravlja, ništa nije sitno ili nevažno. Tačno.

Ona, ipak, nema ponosa, i ne bi joj ni na pamet palo da odbije neki poziv ma koliko sigurno bilo da će se iskupiti odvratno društvo. Godinama mi to priređuje. Ja naprosto neću da idem. Nju zastrašuju i najneobavezniji društveni zahtevi, gospod će je na mestu zgromiti kaže li ne. Ako oseti da je prihvataju, puziće po stenama po suncu po prašini po sušenim govnima armadila. Moj se otac vozio podzemnom železnicom. Sećam se kako sam ga jednom pratio do stanice, išao je na posao u deset, jedanaest pre podne, hvatajući voz D za centar, do svojih klijenata. Budi dobar s majkom, trudi se da je slušaš, ne sekiraj je. Kako sam ga voleo. Čovek koji je razočarao mali milion ljudi. Delio obećanja ludom radovanja. Ko se u njega uzdao izvisio je. Ostavlja ti svoju razgoropađenu ženu. Može mi biti trinaest godina. Posvađali su se i on me pušta da je oladim. Celog dana strahujem od noći. Ona ćutke sprema večeru, sipa tri tanjira i ona i ja večeramo. Očeva večera ostaće na stolu. Ona je neće ni pipnuti. Ja radim domaći, idem na spavanje. U cik zore budi me nov okršaj: Gde je bio, šta je radio? Psovke, optužbe, fizički napad. On se brani i udara je a ona plače i ja se stvaram tamo onako u pidžami i pokušavam da ih pomirim, vrišteći na oboje u tri izjutra.

Budio bih se na te grozne zvuke tuče, bubotaka, krikova, nisam znao kome da verujem, koga da volim, koga da branim, koga da napadam, bolesno sam uživao u tome što ne znam šta osećam čuvši te zvuke.

Danas majka ima osamdeset šest godina, zgrbila se, boluje od artritisa, nosi ožiljke od tri-četiri srčana napada koje je, kad ih je imala, bila i suviše jaka da oseti. Operisana je od raka, koža joj je osuta staračkim pegama, teško se kreće, pati od arterioskleroze, suženog jednjaka i glaukoma. A klikeri joj svi na broju. Nisam razumevala tvog oca, kaže ona danas. Bio je divan čovek, imao sjajnu pamet. Mislio je drugačije od svih ostalih. Ja to nisam razumevala, pokušavala sam da ga nateram da bude kao ceo svet.

Otac je umro pre trideset godina. Da je poživeo, mogao je dočekati nastanak tog blagougodnog mišljenja.

111

Upoznala sam ga kad mi je bilo šesnaest, govorila mi je majka. Išli smo na klizanje u Krotona-park. Bio je tako poletan, tako zgodan. Ni s jednim drugim dečakom nije me puštao da izlazim. U proleće mi je kupovao cveće. Igrali smo tenis. Bio je sjajan teniser. Mama nije želela da se udam za njega. Čovek i po. Isterivao stvari, moj ćale. Mogao je da se probije kroz policijski kordon, provuče kraj svakog pozorišnog vratara na Brodveju. Iskrsne s kartama za rasprodat koncert u Karnegi Holu. Uvede nas na utakmicu. Pravio je svečanosti od najjednostvnijih stvari — šetnje po parku, izleta. Imao je ideje, poklanjao nam knjige, donosio kući filmske kamere, električne vozove, izvlačio stvari iz šešira. Proveo nas kroz Depresiju! A ipak se za njegov život kaže da je bio promašen. Postoji mitologija njegovog promašaja. Njegove pogrešne poslovne odluke, zablude u procenama, nastavljaju da nas opsedaju i dvadeset pet godina po njegovoj smrti. Eto zašto je mom bratu teško da šljune lovu, zašto majka nema nikog u kući, zašto ja uvek hitam da platim račune, svoj udeo, više nego svoj udeo, to je pokora za uspeh koji postižem, za njegovu nedoličnost.

Dok je bio mlad blagajnik u banci kažu da je bio strašno zgodan i tako jednog dana pao u oči nekom čoveku s bereom i cvikerom koji je stao za njegov uglačani mermerni pult. Beše to neki filmski režiser, kažu, Evropljanin koji je u to vreme pripremao niz filmova o lepoj pustolovki koju će gledaoci, za pet centi ulaznice, svake sedmice videti ostavljenu u situaciji neke jezive pogibelji iz koje će je moći izbaviti tek nova ulaznica naredne sedmice. Ime joj je bilo Bisera Bela, a za ulogu njenog spasioca i kreposnog pratioca bio je potreban odgovarajući junačan i lepoliki momak. Moj otac porazmisli i reče ne, smatrajući da pred njim leži dobra karijera u banci. Moj otac-Jevrejin. U želji da postane poručnik korvete prolazio je kroz obuku na Vebovoj pomorskoj akademiji na Harlem riveru, ali veliki rat se okončao pre te obuke. Čuvam na zidu njegovu požutelu fotografiju, otac se oslanja o dršku otirača, jedan je u redu perača palube s otiračama i vedrima. Malo-pomalo i doneo je niz pogrešnih odluka, nagomilali mu se osujećeni planovi. Krenuo je u posao s pločama početkom tridesetih godina, u doba šelak ploča od 78 obrtaja, a muziku je odista dobro poznavao što se i videlo po izboru u njegovoj radnji, te su mnogi u to vreme vodeći umetnici naručivali ploče od njega; ali otrak ga preradi jedared-dvared, posao ode u čabar i otac izgubi radnju. Nalazila se u zgradi Starog hipodroma na Šestoj aveniji između Četrdeset treće i Četrdeset četvrte ulice. Zaradio je neku crkavicu tokom rata uvozeći ovo-ono, sitne pisličarije, izume šašavih švajcarskih šeprtlji, novu vrstu posudice za sapun da se sapun ne bi razgnjecao, da bi duže trajao. U drugom svetskom ratu sapun se teško nabavljao, ali kad je moj otac izneo na tržište te sitne skalamerije rat je bio okončan, sapuna i svega drugog bilo je u izobilju, ljudi su želeli da ga troše, hteli su da se naplate za sve one godine oskudice i kroz sve prođu što brže mogu. Neki čovek hteo je oca za ortaka u novom poslovnom poduhvatu s pločama, u očekivanju onih dugosvirajućih. Ovoga puta moj otac uvide koje su mogućnosti, donese ispravnu odluku, ali ne uspe da digne desetak hiljadarki neophodnih da kupi udeo. Imate predstavu? Izgubio je lovu na kartama jer je mislio da je dobar kartaroš a nije bio. Uvek je kasnio, kasnio na posao kao trgovački putnik kod jednog veletrgovca aparatima za domaćinstvo, kasnio s povratkom kući. Bio švaler, reče mi brat jednog dana. Imao je prijateljicu. Samo jednu? Ta jedna na koju je brat mislio bila je pevačica, soprančić neki, i imala album na čijem je omotu napisala: Džeku, Uvek. No zašto ju je doneo kući ako je Uvek značilo u svako doba. Možda nije imao kuda drugde da je odnese. Ništa nije imao. Pri kraju života zabavljao se perući sudove, čisteći kuhinju, kupujući bakaluk za celu sedmicu. Više nije želeo da radi. Kad je umro, bio je kralj jednog trosobnog stana u Bronksu u kojem je sedeo u kupatilu i čitao novine ne bi li umakao sve težoj životnoj presudi. Imao je nekoliko odela, jedan ili dva časovnika koji nisu radili, prsten s granatom, polisu osiguranja na čiju celu vrednost je bio digao pozajmicu. Ostavio je nekoliko finih belih košulja, nekoliko skupocenih Sulka-kravata kojima se ponosio, jedan stari drveni teniski reket.

Okrećem se prema prozoru. Dole, na krovu univerzitetskog sportskog centra, džogeri u sportskim gaćicama preko trenerki trče u mestu, svaki u svom ritmu. Trče po celom gradu, na uši natakli male slušalice. Nekad sam mislio da treniraju za vreme kad neće preostati ništa drugo do da se trči, ali ta ideja i suviše je logična. Ne samo što trče, nego se i zaustavljaju u parku, spuštaju aktentašne na zemlju pa mašu rukama i ritaju se nogama po vazduhu. Voze bicikle s jednim točkom sve sa slušalicama na ušima, igraju na koturaljkama po napuštenom auto-putu, a po salonima širom grada za velike se pare prikačinju na mašine koje im pokreću udove umesto njih. Mogli bismo i vaditi krompir po poljima, muljati grožđe, mogli bismo voziti rikše, nositi naramke pruća koje smo skupili u šumi.

Telefonski poziv od moje majke: *Šta se desilo, jesi li zaboravio da postojim?*

Ta je gospoja. Mistično, zar ne? Baš sam mislio na tebe, kažem. Ona mi priča o svojoj najnovijoj pobedi u centru za stare. O tome kako je neku ženu stavila *na njeno mesto*. Odlična je pripovedačica. Misli pripovedački i kroz naraciju stiže do suda. Kad govori o Endžel, koju voli i kojoj se divi, Endžel poraste u mojim očima. Moja majka je poznavalac ženskih karaktera. Svet u njenoj glavi je ženski. Ovih dana njena najjača veza je veza s jednom mladom ženom koju smo najmili da dolazi i stara se o njoj šest dana nedeljno. S vremena na vreme traži od mene da otpustim tu ženu, Toaneta joj je ime, Brazilka od dvadesetak godina, ali kad ja kažem važi ona veli nemoj. Čemu kad su sve iste, objašnjava mi. Dobila je Toanetu da joj održava kuću, kuva jela po njenom ukusu, pere odeću, kosu. Svakog dana ako je vreme lepo idu zajedno na ručak, na sendviče, u neki restorančić u kraju, Gornja Zapadna strana. Veoma kraljevski izgleda ta moja mati, s belom kosom, plavim poluslepim očima, a zeza se s šankerom koji joj zakazuje sastanke, i sve tako. Toaneta to izdržava ukočena lica, trpi sve, ali ponekad daje oduška osećanju koje se nakupi od bavljenja mojom majkom trideset pet časova nedeljno. Je l' znaš šta je Toaneta uradila pre neki dan? pita me majka srećno se smejući: Počela da pleše oko mene i pravi skaredne pokrete. Rekoh joj sjajno, Toaneta, s takvom tačkom mogla bi i u Las Vegas da ideš. Jednom je Toaneta izvukla iz torbe pijuk za razbijanje leda, skinula drvene kanije i pokazala joj ga. Nosi ga za slučaj da je napadnu, bar je tako rekla — ja nisam odala koliko sam se prepala, rekoh joj: Toaneta, to je smrtonosno oružje, ako ga policija nađe kod tebe uhapsiće te. Toaneta priča majci priče o svojim prijateljicama--negovateljicama koje umeju toliko da se razbesne na pitomce o kojima se staraju po staračkim domovima da im staju na noge i lome prste. Ali neće da mi kaže nazive domova, veli majka. Znam ja vas, kaže, telefoniraćete pa će ih otpustiti.

Sve to učinilo je moju majku zdravijom i ornijom no što je godinama bila. Od kako je ta žena došla da radi kod nje prestala je da odlazi lekaru.

A nastupe je imala njena majka, nikad to nismo drukčije zvali, moja baka i njeni nastupi, i ona krhka ženica, takođe, ne jedra sorta poput moje majke, jednog dana bi zagrlila dobrog malog dečka, dala mu paricu, blagosiljala ga i poljubila u glavicu, a sutradan ga psovkama najurila, obasula bujicom opakih kletvi na jidišu. Moja baka bi u crnim cipelama na šniranje sišla niz stepenice pred kućom dok bih se ja igrao s drugarima ispred kuće, pa bi mi pripretila pesnicom. Onda bi otišla niz ulicu, vratila se i ponovo zamahivala pesnicom na mene. Konačno bi nestala iza ugla, i dalje grmeći. Stalno je bežala, pajkani su morali da je nalaze i dovode natrag.

Glej sad ovo što nailazi Osmom ulicom: crna mu pilotska kapa oblikovana kao stare SS, pa crna kožna jakna s ispupčenom hromiranom pucadi, pa crni džins i čizme. Skakućući da održi korak s njim ide mršavi dvopolac sa zlatnom karikom u uhu i u limeta-zelenom padobranskom odelu. Gluvareće pozorište, ljudi švrljaju okolo zbog utiska koji ostavljaju, to im dođe kao umetnički oblik. Praskavo, kočoperno, šepuravo, šunjavo razmetanje sobom. Odem u meksički restoran pre neko veče, nikog iznad dvadeset pet, za jednim stolom mladić i devojka imaju istovetne skiziks-

-frizure, sede s rukama na stolu i pokazuju svoju kosu jedno drugome. Možda nešto prolazi mimo mene, možda sve prolazi mimo mene. Na BMT[1] onomad jedan mladi Korejanac ulazi u vagon a nosi stolicu, nekakvu tapaciranu trpezarijsku stolicu, umotanu u plastiku, koristi podzemnu železnicu da prenese stolicu, vrlo istočnjačko rešenje s blagim okusom korpi što se njišu o obramicama, deset hiljada ljudi s lopatama, ručnog kopanja skloništa od bombi — ali glavni štos je u tome što je vagon krcat, Korejanac se osvrće, smešta stolicu nasred poda i seda na nju. Koja snalažljivost, koja neminovna logika životne borbe u prenapučenosti, prostog bespravnog zaposedanja teritorije.

A mlade devojke, Španjolke, uguravaju u vagone podzemne železnice i kolica s bebama, cele porodice trpaju u torbe sve što poseduju na ovome svetu i tegle sobom, vrata se ne mogu zatvoriti koliko se *companerosa* nabilo u ova kola.

Noću niže Brodveja utisak sasvim drugačiji, družine nedozrelih koji drže češljeve kao raspeća, ili važno pripaljuju jedni drugima cigarete dok pod nadstrešnicom čekaju premijeru novog, sakaćenja punog filma. Čopori nordijskih turista, velike bledunjave porodice, promiču previše zabezeknuti da bi razgovarali. Sjaktave devojčice iz tridesetih godina koje bi još uvek rado plesale za lovu na prvom spratu, vreli naleti vetrova iz pećnica s picom raznose smeće po pločnicima, žandar u svelom plavo-sivom plastičnom šlemu englezira dok njegov konj kaska ukoso poput svih policijskih konja, ovo je istorijski grad flotile žutih taksija, moj je otac poznavao ove krajeve grada, njihove ljeskave porno-izloge, viršleraje po ćoškovima u koje kurve i mućkaroši svrećaju na kafu, snimke iz filmova-isključivo-za-odrasle sa zacrnjenim bradavicama i pičkama, fotografske radnje, prodavnice cipela, male papirne kišobrane i olovne statue slobode, arkade danas ožičene zbog praskavih video i zvučnih efekata, unutra je rat, no još uvek možeš kupiti prvu novinsku stranu sa svojim imenom u glavnom naslovu. Brodvej je oduvek bio nužnička jama, ničeg novog, zavijaju

---

[1] *BMT.* Jedna linija njujorške podzemne železnice. *(Prim. prev.)*

sirene, brzi pretresi uza zid, pandur odeven gore od klipana kom je uvrnuo ruku iza leđa koliko je god mogao. Firme ispisane pokretnim kompjuterskim slovima, na nebu džinovska devojka u hulahopkama, mladi bog u slip-gaćicama, arhetipovi Velikog belog puta. Nije to ono što želim. Kad idem u Konektikat vazda se nameće teškoća ponovnog nastupa. Vraćam se s amnezijom i odlučnošću punom nade, osećam vonj vlažnoga lišća, vidim beli brezov šumarak iza kuće, duboko dišem da se očistim, i upadam u zasedu. Endžel ume da bude engleski-ubojito uljudna. No to je samo jedan od njenih štosova. Ništa ne mogu da donesem, cveće, hleb iz prave njujorške pekare, zato što to simbolizuje situaciju onako kako je ona vidi. Poslednji put kad sam bio reče mi, pošto su deca otišla gore a mi ostali uz našu švajcarsku-vodenim-procesom-od-kofeina-oslobođenu-kafu, kako je sinoć bila na večeri kod Milajzovih, dole na putu. Svi su muževi bili tamo osim moga. Osećala sam se kao socijalni slučaj. Svi su u ovoj šumi pisci, ali ti si jedini koji ne može da piše ovde. Tačno, rekoh. Kako iko od tih momaka uspeva bilo šta da smisli? Šta rade kad im se ide u šetnju? Ona me pogleda. Nemam s kim da razgovaram. Usamljena sam. Čak i kad si tu ja sam usamljena, čak i kad si tu. Ti živiš u svojoj neurozi. Dotužilo mi je što me niko ne voli. Niko se nikad ne pita kako je *meni!*

I na lepe oči tad navreše suze i ona iziđe iz sobe.

Razmišljam o gradovima na vodi, o mahovinastoj Veneciji s njenim studeno-tmastim kanalima, tom prvom Diznilendu. Razmišljam o Londonu, širokoj reci, ravnom anarhičnom predelu, nejasno ocrtanom industrijskom belom nebu; ili o Hamburgu s njegovim zatonom koji seže do samog četvrtastog, zastavama iskićenog trga s čistim parkom, izletničkim brodovima, mojim otmenim hotelom s lučnim prozorima, Nemcima u masama, kao obično; ili mislim na Stokholm, svaka stopa njegovog arhipelaga udubljena je u kamen, palata skrivena iza skela, građevinske dizalice njišu se naokolo kao dvorski poslužitelji; ili na prljavi, previše utrpani Pariz, voda u Seni previše izlovljena, previše zapišana, sad još nešto osim vode, vazduh takođe, previše disan, sad još nešto što nije vazduh, taj prvotni metro pretvoren vlastitom zbijenošću u nešto drugo, nešto zaustavljeno i monumentalno.

Naprosto ću reći Endžel da možda nije u mojoj prirodi da živim u braku i ona, moja supruga već dve decenije, pogledaće me, oca njene dece, a ja ću reći u meni se razvilo jedno biće i ono se sad konačno objavljuje. I ne samo sebi, već i tebi takođe velim da moramo preći celi put, to je jedino opravdanje za oboje nakon što smo obavili ono što se moralo — da se pustimo, rizikujemo, to je jedina čast i jedino iskupljenje poslednjih slobodnih godina. Tačno, gajim izvesnu nadu, ali znam koliko je suludo to čemu se nadam, ne mogu se večito boriti za nju. I znam to. Vidim zblanutog Metinglija kako tumara naokolo nastojeći da nađe ženu s kojom bi popričao, vidim mog prijatelja Lenerda, kog je žena posle petnaest godina braka napustila zbog druge žene — kolege mu dolaze na piće u njegov mračni novi stančić — i vidim muškarce doživotno dotučene u malim prostorima, a baška ogromni strah i gađenja puno prebacivanje dece, i zapadanje u zapuštenost muškaraca koji su srušili mostove za sobom, i znam da se izlažem opasnosti da me sve to snađe. Znam da me može stići uobičajena sumorna sudbina. Ali gledaj, reći ću joj, ako to valjano izvedemo možemo od sebe i svog odnosa spasti ono što je dobro, možemo biti kolege, mi smo i dalje partneri u roditeljstvu, možemo se pomagati uzajamno, uspostaviti vezu kao istinska ljudska bića, razmenjivati misli, očuvati međusobno poštovanje, možda čak s vremena na vreme i u krevet otići.

Poziv od jedne nove El Salvadorske dobrotvorne grupe: Da li bih došao da čujem jednog američkog lekara koji radi s pobunjenicima? To me zanima — taj doktor je kao pilot bombardovao Vijetnam.

Zdravo, upravo mi veli sused s kojim sam se sreo kod kanala peći za spaljivanje smeća. Čuo sam vašu pisaću mašinu jutros, ko navijena, stvarno vam krenulo, a?

Kad se u ovo doba godine uhvati suton, svetlosti u svim stanovima već su upaljene te vidim istovremena događanja na nekoliko spratova. On svira klavir a sprat niže, na istom tom mestu, ona zaliva sobne biljke. Kad razgovaraju preko telefona ljudi gestikulišu kao da je osoba s drugog kraja žice tu pred njima, možda su telesni pokreti neophodni za glasovne modulacije. Jedna mlada devojka upravo je zadigla suknju i pogledala u svoje gaćice. Deca, primećujem, imaju sobe pune osnovnih boja, smatra se da su im potrebne vesele, sjajnošarene igračke, neko klinče stoji na prozorskoj dasci, prislonilo telo uz prozor, ručice diglo iznad glave, gleda kad će mu se tata vratiti kući. Silazi, klinac. A televizori u celoj zgradi jednovremeno sevaju istim bojama, ovo je neki popularan program, svetlost se menja, boje trepću svuda, na svim spratovima, gle kako se prizor preinačuje, svetlost se muti, zasija pa potamni, nekakav rat u zelenim brdima, ljudi trče, boje se menjaju.

Danas je bio jedan od onih neobjašnjivo toplih zimskih dana, zez proleća, ceo svet napolju, ulicama samo vrvi, ljudi s kaputima preko ruke, svi se na ulici stvorili neočekivano, poput šafrana. Čitav diksilend-bend na Šestoj aveniji, crni trbuhozborac s crnom lutkom okupio popriličnu gomilu na Kelambes Serkl, na sve strane ulični prodavci pistacije i sušenog voća, bok uz bok s kolicima na kojima se kestenje peče na tepsijama s ugljem. Žustro poslovanje za tablama šahovskih mućkaroša i montetista[1] s tri karte. Na Juniversiti Plejs vidim svetinu, primičem se i ja, istežem vrat, a ono neki momak testeriše dasku prvoklasne borovine, usredsredio se na posao, testeriše komad drveta za posao koji obavlja na prednjem delu dućana, i oh moj golemi i divni grade svetina se iskupila da gleda tog čoveka gde testeriše tu dasku.

S poštom stiglo i pismo iz Sietla — od mog prijatelja, pesnika Rouzena. Da li bih napisao neke preporuke za njegovog sina koji konkuriše za upis na koledž? Uzgred budi rečeno, piše, šta bi s *Životima pesnika*? Već dugo obećavam. Rouzen u poslednje vreme nije objavio ništa novo,

---

[1] *Montetisti.* Verovatno igrači jedne varijante kockarske igre „monte" koja se igra sa špilom od 40 karata a igrači se klade da će, kad otkriju dvaput po dve karte izvučene bilo s vrha bilo s dna špila, jednoj odgovarati prva karta koja se potom okrene. *(Prim. prev.)*

oseća se zanemarenim, smatra da bi neko trebalo da uradi nešto na njegovom veličanju. Oh koje stameno neoborivo mnjenje o sebi ima dobri Rouz, on čak i diše kao kralj, svaki mu disaj otegnuti uzdah tragične pomirenosti, dug žalostivan izdisaj nade, da je disanje poezija on bi bio bez premca, Šekspir našega doba. Niska je rasta, snažne građe, vrlo agresivan u igrama, ponosi se time kako igra tenis i šah. A teškoće su mu doista zapanjujuće: godinama je patio od psorijaze, zahvaćen od grla do nožnih prstiju, što ga je primoravalo da, poput Maraa, živi u kadi. Nije mogao otrpeti svesno stanje bez svakodnevnog višečasovnog namakanja u lekovitoj kupki. Crven i ljuspav, osipajući se poput spečene stene, izgledao je kao planeta Mars. Među pesnicima je bio isto toliko poznat po svojoj koži koliko i po svojim delima. Onda doču da su u Univerzitetskom medicinskom centru, vrlo avangardnoj istraživačko-bolničkoj ustanovi, izmislili neko novo lečenje. On im se ponudi kao zamorče. Dadoše mu da ispije nekakvu hemikaliju, staviše ga pod ultraljubičasto svetlo i očistiše ga. U njegovom životu ukaza se tračak nade. On ode u drugo odeljenje gde su radili na ponovnom sastavljanju pocepanih bubnih opni — bio je gluv na jedno uho još od šezdesetih godina, kad mu je bubna opna pukla u nekoj gužvi. Bio je strastan, svadljiv pesnik-aktivista, uvek zapadao u nevolje s vlastima, ćorkirali su ga zbog radnji, marisali po ulicama. Bili su to dani kad se oblačio u dašiki-haljine, kačio kolajne mira, a gustu crnu kosu vezivao u rep. Doktori mu ubrizgaše neku penu u uho, pena je spojila pocepane komadiće bubne opne i stvrdnula se u celinu. Bio je na putu da se malo-pomalo ponovo sastavi.

Rouzen beše oženjen s Remini, travarkom i mističarkom, što je šezdesetih godina bilo u redu, ali u vreme kad je njemu počelo da se vraća zdravlje ona posta učenica nekog čoveka koji je bio Zemaljski izaslanik u Savetu kosmosa, organizacije intergalaktičkih božanstava namernih da pouče čovečanstvo zabludelosti njegovih navika. Rouzen nije bio simpatičan božanstvima. Dok su mu se epiderma i bubna opna ponovo spajale, njegov se brak razletao u svim

120

pravcima, kao kosmos. Sviđala mi se Remini. Bila je to izuzetno visoka žena prave plave kose, bledoplavih očiju, bokova izgladnelog psa mešanca, a s najslađim osmehom na svetu. Ona se useli u jednu sobu u prizemlju njihove kuće i poče spavati na dušeku na podu. Tamo je imala japansku svetiljku, zidne zastirke iz Nepala i tamjan-sveće. U kući je živeo i jadan uslovno pušteni kažnjenik iz lokalnog državnog zatvora. Onde je Rouzen držao tečaj iz pisanja poezije i, spoznavši književnu darovitost ovog zatvorenika, izradi da ga puste ranije i upisa ga na koledž. Dok je Rouzen bio van kuće i držao nastavu, Remini i taj momak palili su tamjan i zajedno meditirali u njenoj sobi. Jednom sam ga sreo, tip prepredena izgleda, telo mu mišićavo i mršavo, kao i njeno, a sav blista od ponosa što mu se posrećila ona jeftina mala mućka, metafora, kojom se iščupao iz ćuze.

Danas je Rouzenu kosa gotovo sasvim opala a ono što je preostalo ošišao je kratko. Nosi plave blejzere, tašnu, mašnu. Deli dobro i zlo s jednom ljupkom gospom njegove visine. Deca im se dobro slažu. Trenira tim Male lige u kojem igra njegov mlađi sin, želi da pobedi, želi da radi stvari kako valja i da pobeđuje, ali iako je nešto prevodio, već godinama nije napisao ništa svoje čime bi bio zadovoljan, koža mu je čista, dobro igra tenis, mlati kompjuter u šahu, ali nije napisao bogznašta pomena vredno.

A šta je sad ovo, hitno saopštenje od moje telefonske kompanije: *Estimado cliente, si no paga la cantidad completa, y nos es necesario interrumpir su servicio, no tendremos otra alternativa que cancelar su cuenta.*[1] Glupi hispanoarbajterski kompjuteru, pa platio sam račun!

Ono što sad želim sebi jeste da mi život bude jednostavan, bez tajni, želim da budem onaj koji stvarno jesam, sa svakim, sve vreme. Želim da osoba koju volim bude osoba s kojom se volim. Ljubav, ili ljubav prema njoj, doživljavam kao stanje jasnoće, nastanka. Ko sam i ko treba da budem podudara se. Jednom sam joj to i rekao, rekao sam

---

[1] Cenjeni klijentu! Ako ne platite ceo dug mi ćemo vam uskratiti naše usluge, nemamo druge mogućnosti nego da vam otkažemo pretplatu. *(Prim. prev.)*

joj da o njoj mislim kao o svojoj prirodnoj družici zato što nikad ni s kim nisam doživeo ovo, osetio da sam konačno prispeo u svoj život. Nalaziš luckaste romantične znake, svakako, no istina je da ja mnogo crtam, oduvek sam crtao lica, obično, životinje, kola, avione, kadikad sopstvenu šaku, ali godinama jedno lice, iz profila, još kao dečak sam crtao to lice i na kraju se ispostavilo da je to njeno lice. Jednog sam joj dana to i dokazao nacrtavši ga ne gledajući u nju i beše to ona, isto čelo, nos, ista spokojna obrva, iste izvijene divne usne, jaka brada, krupno jasno oko. A sigurno nije moje maslo to što moj telefonski broj stoji na registarskoj tablici njenih kola. Ne izmišljam. No spremnost da se nalaze takve stvari jeste ljubav.

Imam hrabrosti da sve ostavim zbog nje. Ne postavljam kao uslov naše veze da napustiš ženu, rekla mi je jednom usplahireno. Možda nema petlju. Možda ne voli opasnost. *No zašto ne reći šta se zbilo?* Louelov stih. U redu, znam da sam u neprilici, morao sam da iznudim tu vezu, ona joj se ne prepušta prirodno. Pravdajući svoje sumnje jednom je rekla: Dugo mi se činilo da ti ne značim nešto određeno. Pobunih se. Ne, reče ona, mislim da si želeo da budeš zaljubljen.

Ona nije ni ljubomorna ni posesivna no ja tu primedbu tumačim kao aluziju na nesrećni početak našeg odnosa. Otprve sam bio smlavljen, do neverice očaran, a ipak sam krenuo s njenom drugaricom — nepromišljeni frajerski potez jednog trenutka, rekao sam joj kasnije kao objašnjenje kad sam je nekoliko meseci posle toga konačno pozvao. Upoznao sam ih zajedno jednog letnjeg vikenda. Želeo sam te, rekoh, a mislio sam da nije moguće da si slobodna. Otposlao sam strelu najbliže što sam mogao.

A jačina osećanja nas dovodi u zabludu, znam da je tako, Rilke se zaljubio u dve žene koje su bile prijateljice. Oženio se jednom a nastavio da voli drugu. I za našu Mojru, strastveno patnički udatu za Breda, priča se da je, pre no što je pobegla s njim, rekla svom bivšem momku da će se udati za njega ako je još hoće. Kad volimo mi prosto zračimo — žiroskop nam se naginje, klati, preti da nas očas izruči iz vasione. Ne čini mi se neobično to što, u zaglušujućoj jeki neprikosnovene i zanesene uverenosti u ljubav prema nekoj ženi, možeš u svojoj razmahanoj živahnosti isto tako lako posegnuti i za ženom koja stoji do nje.

A ona sad lunja po svetu, natenane razmišljajući o nama i o tome šta želi da uradi: Grčka, Egipat, Indija... Hriste Bože, pa koliko joj to vremena treba, nemam ja celu večnost pred sobom. Već mi je rekla da me voli i da je prestrašena. Boji se svojatanja, ta generacija. Svašta. Ima svoju karijeru, ima svog Dikensa, Hardija, svog Džejmza, predmet koji predaje su mrtvi pisci, tako užasno zanimanje da se i ne nadam da bih išta uspeo s tim u vezi. Najviše se grozim toga što želi da budemo prijatelji. To joj je oduvek bio prirodni nagon. A i lako je i blaženo, znam, razumem ja Raskina, razumem sve one kreposne strasti iz salona devetnaestog veka, ona slavlja neusahle ljubavi usedelica prema kapelanima, školaraca prema bratučedama, i tačno, ona se može održati i bez zabadanja patrljkaste izrasline na tebi u rupu u telu druge osobe. Ljubav koja se sprovodi platonski bezbednija je i manje uzmućena, nikad se ne kažnjava, pričvršćeni ste uz svod nebeski i ništa vas ne može stresti odatle, postojite u blistavom kolu međusobnih moralnih obzira i što god neko od vas učinio sa svojim telom, i s kim god, bez značaja je. I možda je njoj u prirodi da voli samo tako, nije se udavala, ima koliko, trideset, trideset jednu, imala je muškarce koje je želela na ovaj ili onaj način još od svoje petnaeste, pripada poslednjoj deci cveća, vozila se njihovim motociklima, uzimala s njima meskalin na plaži, jednom je živela s rasturačem droge, jednom čak s drugim nekim piscem, i uvek se sve rasturalo za nekoliko meseci — šest meseci, mislim da je rekla, najduže je što je ikad bila s nekim.

Osamnaest godina je najduže što sam ja ikad bio s nekim.

A priznajem da nisam posesivan u svojim osećanjima, njen samostalni život uverio me je u duhovnu prefinjenost. Volim da te dovedem do svršavanja, rekoh joj jedne noći. Ali to stoji do mene, uzvrati ona. Izvanredno je ljupka. Ima telo koje dajem junakinjama svojih dela: male grudi, tanak struk, veliku zadnjicu. Nije žena koja lako zaplače, spokojna je, glas joj predivan, nikakve žalbe u njemu, nikakve samoponižavajuće note. Dajem joj vedrinu, čvrstinu u svetu za koje ona uporno tvrdi da ih nema. Ali šta ona zna? Celog života tucala se kad je i s kim je htela, a o sebi ipak misli kao o usamljenoj usedeličkoj murdari koja šljaka po ceo dan držeći predavanja, ocenjujući zadatke, a uveče sedi sama s ritualnim martinijem u ruci i gleda film na televiziji.

Šta se to zbiva na ulici Huston? Pada kiša, a pod ćilibarskom svetlošću ulične svetiljke pred benzinskom pumpom Mobil-gas stoji četiri osam dvanaest parkiranih taksija, polovina na pločniku. Farovi im ugašeni ali unutra sede vozači, malo-malo pa zaplamti šibica. Iza njih, pored njih, zaustavljaju se nova žuta taksi-vozila, a sad se farovi na dva iznenada pale, motori počinju da rade i automobili kreću uz škripu guma, dok se vozila iza njih pomeraju napred i čekaju svoj red. Uzimam dogled. Ispred očiju mi promiču ćilibarske kišne kapi. Na vratima svih vozila je isti zaštitni znak, znači jedno preduzeće. Parkirani taksi-automobili s ugašenim farovima, u kišnoj noći kad pada velika lova? To su policajci. Tri se sad otiskuju i jure punom brzinom na istok, niz Huston. Znam da se koriste tim tobožnjim taksijima da bi razbucali lanac kradljivaca kola. Kradljivci automobila su organizovani, oteraju auto u radionicu i razmontiraju ga za pet minuta, ili ga odvezu na lučko pristanište, ubace u utrobu broda i sutradan ujutru već je prevalio pola puta preko okeana. Panduri im se ne mogu približiti u patrolnim kolima, čak ni u neobeleženim automobilima, koriste se taksi-vozilima da ih prestignu. Znači, to je to što sad vidim. Ali ova operacija po kiši više liči na neku debelu prismotru, nešto veliko, na ubiranje velike pare u SoHo. Kod Brodveja ubadaju dešnjaka.

Ne znam. Dvoličnost pojedinaca je, svakako, osnov civilizacije, ali dvostruki život državnih agencija, panduri kao taksisti, panduri kao gospe s tašnama, panduri kao turisti — to je šiznuće, plemensko pozorište, to zadire u skrivene snage postojanja, oslobađa opasne tajanstvene sile. Meni se sviđaju moji pajkani u uniformama s čitljivim brojevima na znački, sviđaju mi se ministarstva policije o čijim se budžetima javno raspravljalo. Policajci, detektivi, treba da budu uredno odeveni i lako prepoznatljivi. Ne želim ih kao maštovite transvestite, u reportažama s naslovne strane i s tajnim dosijeima. Ko zna šta misle dok se mimikriraju među nama?

Sidni, agent, koji ima crni pojas i za kog se tvrdi da je pre mnogo godina krijumčario oružje za Irgun,[1] reče mi jednom: To Jevreji kao što sam ja čuvaju Jevreje kao što si ti.

Ali ja tvrdim da vi ovde imate načina da stvarnost povežete tako da izazovete kratak spoj — prštanje, emotivno pregorevanje pod visokim naponom, i neuroni iskaču. Moj prijatelj Geri, star pedeset godina, upravlja sopstvenom firmom za pablik-rilejšns i značajno doprinosi kampanjama Demokratske stranke. Kad smo se družili bio je oženjen s Ebigejl, oboma je to bio drugi brak. Ovo je važno. Oboje su imali po dete iz prvog braka, a zajedno izrodili troje. Posle trećeg Ebigejl zatraži od Gerija da se podvrgne vazektomiji. On se opirao, dičeći se svojim testosteronom kao i svi mi, ali se, u interesu njihovih dobrih odnosa, strpao u bolnicu i dao da ga secnu. Napetost među njima je splasla i sve je bio divno jedino što je Geri nekoliko meseci kasnije u Ebigejlinoj tašni našao plastičnu kutijicu u obliku morske školjke, a zna se šta se u njima drži. No to ne bi imalo veću važnost od bilo koje druge tužne pesme o ljubavi da nije Gerijevog viđenja stvari, koje mi je on, spustivši glas, poverio u Volijevom baru nekoliko meseci posle razvoda: Kad sam video njenu dijafragmu, reče, shvatio sam da je Ebigejl iz CIA.

Pomislih da je lud. Sećam se da sam se poneo malo grubo. Ma daj, Geri, rekoh, zbog čega misliš da bi CIA htela *tebe* za muža? No sad mislim da njegova opaska spada u najzloslutnije koje sam imao čast da čujem. Otkriti da ti se žena maslači s drugim je jedno, a biti izneveren od vlade Sjedinjenih Država nešto sasvim deseto. Posmatrajte to

---

[1] *Irgun.* Militantna cionistička podzemna grupa, aktivna uglavnom u razdoblju britanske kontrole u Palestini. *(Prim. prev.)*

kao metaforu i ona će početi da dejstvuje na vas kao što je dejstvovala i na mene. Posmatrajte Garija kao pesnika. U jenom kratkom trenu mučnog nadahnuća uhvatio je *Zeitgeist* kao što se jedro puni vetrom. Znam tipove koji pišu celog života a neće stići ni blizu toga.

Sinoćna večera kod Džouzi: Priča nam kako je njeno mlađe dete došlo iz škole s šapirografisanim pismom od upravitelja, nekom vrstom psihološke uzbune, kojom se roditelji učenika škole Malberi upozoravaju da su jutros, na pločniku pred glavnim ulazom, neka deca možda bila izložena prizoru mrtvog čoveka koji se tamo zadesio u ležećem položaju. Svi smo se veselo nasmejali. Pol, koji je u mladosti bio novinar gradske hronike, objašnjava da se mrtvaci danas mogu videti po ulicama zato što policija ne vodi istragu kad ih tako zatekne. Što nije slučaj kad se leš nađe u zgradi. Tad se pretvaraju u detektive. I tako, glavni štos je da prijatelji i rođaci predoziranog uzmu njegov novčanik, iseku mu etikete s odeće i iznesu ga po mraku i polože kraj kanti za smeće. Nema problema.

Pre no što smo i shvatili, za stolom počinju da kolaju priče o mrtvacima i sve bi bilo u redu da jedan od gositju, Marvin, neženja i bogati naslednik nekog izdavača, nije na smrt bolestan, ostalo mu možda još šest meseci. Zapravo, ovaj razgovor verovetno zato i vodimo — znate da to prosto mora da izbije na neki način. Marvin hrabro sluša, osmeh mu ne silazi s lica. Kraj njega štap, vrat mu viri iz okovratnika kao sušena šargarepa, ali obukao se u crveni flanelski sako i karirani prsluk, veseo kao na Božić. Nama se polako penje i svi počinjemo poverljivo da ćaskamo sa svojim susedom za stolom.

To je nešto najnovije, ljudi bolesni od raka izlaze uveče u provod. Kakav užasan tok događaja, *ne plašiti se!* Zar je Smrt samo još jedan večernji isfurić više?

Popevši se stepenicama iz podzemne železnice na Astor Plejs nailazim na pijacu na pločniku: švercovane trake, odeća s odsečenim etiketama, ručne torbe, novčanici, novoobjavljene knjige rasprostrte preko plastičnih čaršava na trotoaru. Iza robe su stajali nasmešeni mladići u pocepanim radnim jaknama i s pletenim stražarskim kapama na glavi. Baš lane sam i video u Limi. Potom sam ih video u Meksiko Sitiju. Talas zapljuskuje našu obalu. Danas u Los Anđelesu živi mnogo Iranaca. Vijetnamci se rasporedili duž Zapadne obale. Ljude iz Laosa zahvata sindrom nagle smrti u njihovim tipskim kućama u Stenovitim planinama, Haićani gacaju do obale Floride, Salvadorci, Gvatemalci nadiru preko reke u Teksas. Dragi Bože, nek se sele, nek moja zemlja bude poslednja uzdanica. No da razlučimo neke stvari: Irci, Italijani, Jevreji iz Istočne Evrope došli su ovamo zato što su želeli nov život. Radili su da zarade novac kojim bi doveli i porodice. Rekli su staroj zemlji zbogom ostaj da se više ne vidimo i bili zadovoljni što su otišli. Oni nisu došli ovamo zbog nečeg što smo im mi namestili. Novi useljenici su tu zato što smo mi život u njihovim zemljama učinili nepodnošljivim. Došli su amo da se spasu od nas. Sobom su poneli svoje usijane politike. Podižu pobunjeničke vojne logore. Ubijaju se međusobno. Bombe iz *repúblicas* eksplodiraju na aveniji Konektikat. Moj Predsednik se grli sa sociopatama čija prsa krasi ordenje za počinjena ubistva. Prosjaci čeprkaju po đubretu. Oči Baria[1] uprte u mene. Oktobra prošle godine, idući na zabavu uoči praznika Svih svetih u rezidenciju američkog kulturnog atašea u Meksiko Sitiju, probijao sam se kroz gomilu meleza, ljudi neodređenih godina i puti nalik na štavljenu kožu, neki su o rame okačili šarene poveze s malom decom, pružali su filcane šešire govoreći nešto svojom mekom bezubom dikcijom i ja razabrah daj kolača il će biti plača, daj kolača ili će biti plača, mrmljanje, nekakve ljutitosti u njemu, daj kolača il će biti plača, kao cvrkut nekog pitomog jata ptica sletelih na zemlju.

Mogućno je da mi se dogodilo nešto odista ozbiljno. Mogućno je da sam se otuđio od svog poziva. Ali kako to može biti? Sledio sam ga odano, korak po korak, išao tragom njegove logike, nikad se nisam kolebao, bio sam čvrst, a on me je doveo u ovu pustinju, ovo jednolično obzorje.

---

[1] *Bario* (španski barrio). Kraj, komšiluk. *(Prim. prev.)*

Osvrćem se i osvrćem, i sam sam. Postoji li neka posebna zla kob koja dolazi s privrženošću? Prekoračiš neku nevidljivu granicu, s logikom i s verom, i kroz oči ti provali bezimeni univerzum. Moguće je da sam je ja prekoračio. Nekad sam želeo da napišem roman o biskupu Pajku. Sad vidim zašto, vidim vezu i sigurno sam propoznao bogoštovlje od kojeg se koluta očima, veru od koje bele zglavci na prstima, koja te prenosi pravo preko te granice, koja probija magmu. Dobri biskip, i dalje noseći sveštenički okovratnik, sledio je svoju ljubav prema Bogu donde dokle ga je ona odvela, a to je u okultistički tabor. Sin mu je bio umro od prevelike doze, a našao se medijum koji ga je mogao dovesti u vezu s mrtvim sinom. O, kakva žalost, kakva žalost. Knjiga anglikanske liturgije ispada iz ruku. Ako istinski veruješ u Boga, kako da ne zaklinjem natprirodno? Ako je moguće moliti se Bogu, zašto On ne bi u zamračenoj gostinskoj sobi sišao s Uidža-stola[1] na prigušenom glasu varalice? Biskup nikad ni pomislio nije da je napustio sedište biskupije, jadan mahniti drkadžija, i iščezao u Negevu s bocom kokakole.

Jednom, pre mnogo godina, došao u našu kuću u Konektikatu moj prijatelj Arlington i prenoćio kod nas. Čuli smo ga kako ječi u snu. No ujutru ga zatekoh gde sedi za doručkom s mojom decom. Krupan čovek, građen kao ragbista, sedi tamo u rebrastoj potkošulji, u jednoj mu ruci pel--mel, u drugoj velika čaša burbona. Arlington je imao fotografsko pamćenje a vođenje razgovora shvatao je kao recitovanje poezije. Umeo je da improvizuje čitave antologije pesama koje je čitao i voleo. I tako, eto moje dece, sasvim male u ono vreme, sede za svojim pirinčanim pahuljicama s kašikama u ručicama, pilje u njega i zaboravljaju da jedu. I eto Endžel u kućnoj haljini, za radnom pločom u kuhinji pravi sendviče s buterom od kikirikija da ih spakuje za ručak, i odmahuje glavom u neverici. A eto i mene, stežem šolju s kafom i nastojim da skupim pogled u jednu žižu. A Džejmz Arlington, okončavajući *Zelena raste zelenika*,

---

[1] *Uidža* (engl. Ouija). Trgovački naziv za posebno konstruisan spiritistički sto. *(Prim. prev.)*

povlači jedan dim, otpija malo burbona, i kreće u Treklovu pesmu o nemačkoj fašističkoj dekadenciji. A još nije ni osam ujutru.

Ah taj pesnik, samo da vam ispričam kakvo je pamćenje imao: Bili smo školski drugovi u Kenjenu. U studentskom naselju bilo je mnogo pesnika, mi u Kenjenu bavili smo se poezijom kao što se u Državnom Ohajo igra ragbi. I tri-četiri unuverzitetska pesnika bila su dobra, budila nade, kao Arlington, ali beše i loših pesnika, i stihoklepaca, i nadriesteta i mi smo voleli da ih zezamo, njih i njihovu tankoćutnost. Jednog jesenjeg dana, šetajući s Džimom, skočih na gomilu lišća i počeh ga razbacivati u vazduh i rukama i nogama, i dok mi je ono u lelujavom kovitlacu padalo oko glave, ja ispružih ruku opustivši zglavak, digoh bradu i povikah uzdrhtalo, s poštovanjem, Opada lišće, Opada lišće! Arlingtonu se to mnogo svidelo, smejao se glasnim promuklim bespomoćnim smehom, taj istinski pesnik koji je voleo da sluša ploče s Elizabet Švarckopf kad peva lid, ali isto tako i sam da peva „Sem seronja govnar Sem" dok bi koračao srednjom stazom — taj seljak iz centralong Ohaja među momcima studentskog bratstva u sivim flanelskim pantalonama i belim antilop cipelama. I sedmicama posle toga razveseljavao me je, Opada lišće, gledaj, gledaj, opada lišće! To je postalo deo njegovog repertoara svesećanja, pamtio je naše stihove umesto svih nas — mi smo bili vezane vreće, izgnanici, parije u naselju, a on nas je okupljao oko sebe i činio nas samosvesnim, otkrivao nam naše prednosti — pamtio je umesto nas stihove i šablone kojima smo hteli da pridobijemo njegovo uvažavanje. I lepo, prohuja trideset godina, on je čuveni pesnik, živi životom ukletih, žestinom kojoj se nije moguće odupreti, pomamno se podastirući poeziji. A teška je pijanica, čudovišna pijanica i na kraju, u pedesetoj, odlučuje da ostavi piće, trezvenjaštvo postaje borba, mučenje. Radi on na tome, drži se podalje od boce, sav utanjio, ubledeo kako to sa zapuštenima biva, i u takvom stanju snađe ga grebanje u grlu za koje se ispostavi da je rak. Ja ga jednog dana obilazim u bolnici a on sad ni da govori ne može, nabili mu u usta nekakvu lekovitu vatu, u grlo mu ušili nekakav kolut da mu prorez na dušniku ostane otvoren da može da diše, te daje znak svojoj ženi Moli da mu doda malu tablu s pisaćom hartijom, piše nešto pa mi uručuje a na papiru, istim onim svračjim nogama seljačeta od pre trideset godina piše: Opada Lišće.

Naravno da ona živi u Berkširskim brdima. Naravno, kažem. Kao dete provodio sam leta tamo i ništa se nije promenilo. Za mene je to prebivalište duha. Sve što je bilo potrebno beše jedna šetnja po mukloj mrkoj šumi. Moj korak po tlu posutom borovim iglicama. Neodlučan vilin konjic koji se polako okreće u stubu prozračne svetlosti. Stigao sam do klanca čije bele stene odzvanjaju žuborom vode. Melvil je živeo ovde, i Hotorn, koji me je naučio Romansi, pa čak i Viljem Kalen Brajent. A i ona tu živi. Jednom smo, zimi, otišli u gositonicu trideset milja od njenoga grada. Iako je neudata, smotrenija je od mene, napatila se zbog ogovaranja, platila je doktorat radeći kao učiteljica u osnovnoj školi, ali što god bi postigla uvek bi se našao neko da kaže da za to ima da zahvali svom izgledu, osetljiva je na to. Zato je najbolje bilo da nas ne viđaju zajedno. U redu što se mene tiče. Nosila je tamni ukrojen kaput a pod njim ljupku belu ampir-haljinu s plavim ljiljanima. Popili smo piće za šankom i otišli u sobu. Krevet s čupavim prekrivačem. Navukoh roletne iza belih zavesa. Dve onakve tapacirane foteljice s zakrivljenim naslonom u kojima se ne može čestito sedeti. U kupatilu kada na osloncima u obliku kandži. Svukli smo se i vodili ljubav.

Bez obzira na to kako si zamišljao da će biti, koju žestoku nabreklost unosio u to, kad se ona skine sve postaje vrlo ljudski određeno, telo s čudnom linijom ovde, oblinom onde, punoćom bokova ili dirljivom uskošću ramena, dojke ne onako velike kako bi ona želela, ili neka pogrešna proporcija, dugačka kosa pregusta i preduga prema telu, ima tu neke tiranije ili likovanja običnog života, ženske pobune protiv idealnog oblika, a ti je, razumljivo, sa sudbinom koja je samo tebi data, uzimaš u naručje i sva tvoja pohota postaje čista i čudnovato mirna i ti se smeješ kad vidiš da jednostavno i bezazleno vodiš ljubav s drugim bićem.

Noć poodmače i kucnu čas da je odvedem kući. Vozili smo trideset milja do njenoga grada. Bilo je kasno i veoma hladno. Put je vijugao između snežnih nanosa a na bregovima s obe strane puta tamnela se šuma. Ona pokaza nekoliko zvezda vidljivih u crnilu noći. Isključih farove. Ona se prestrašeno nasmeja. Spuštao sam se niz serpentine bez svetala. Obema rukama ščepala me je za mišicu, stežući je prstima, pa se smejala i drhtala dok smo se sunovraćivali, na tamnome putu tamni oblik pod zvezdama.

Uvek je revnosno odbijala poklone osim onih od sasvim male vrednosti. A sama mi je neprestano davala stvari — cveće, ukrasne kašike, starinske dopisnice, vazu, sitne darove iz trenutaka njenog nemira, uvek lepe i probrane.

Ostavih je na rubu njenog brdskoga grada gde je bila parkirala svoja kola. Reka beše zaleđena. Vetar je nosio sneg ulicama. Na obali reke, daskama zakovana fabrika od crvene cigle.

I eto sad od nje lepe razglednice sa stranim planinama, dalekim klancima. Himalaji. *Našla sam se s nekim ljudima i nastavljam s njima. Oprosti.* Našla se s nekim ljudima i nastavlja s njima. Pretvorila se u lepu razglednicu stranih planina, dalekog neba. Povlačim prstom po tragu njenog mastila. Jednom mi je rekla: Jezik je nešto što gotovo ne postoji.

U naukama takođe, ne samo u religiji: Lines Poling s Nobelovom nagradom za hemiju koji je nastavio iznoseći tvrdnje o lekovitim moćima vitamina C u megadozama, nastavio s logikom, s verom, sve dok mu zbog toga što nije imao podatke nisu oduzeli novac za istraživanje. Poling, genijalac u svojim sedamdesetim godinama, koji se ni po koju cenu ne da smesti, koji obeshrabrenja ređa trezveno, ne žaleći se, i koji na svečanim večerama govori šta zna. Danas je nauka bedemima okružen grad iz kojeg je on izbačen, te' stoji na njegovim kapijama s ostalim torbarima, sledio je svoj poziv onamo gde ga je ovaj odveo.

I, svakako, klasični slučaj Vilhelma Rajha. U jednom trenutku Frojd ga je smatrao najboljim među njima. Pružio krupne doprinose psihoanalitičkoj literaturi. Nastavio, s logikom, i s verom, do zamisli o lečenju celog društva. Nastavio, u svojoj sudbinskoj privrženosti, pravo u orgonsku kutiju. Izišao negde u Nju Hempširu da bi skončao pucajući na NLO limenom radijacionom puškom napravljenom po njegovom nacrtu.

Telefonski poziv od moje majke: videla sam ime tvog prijatelja Normana u novinama, stalno ga viđam na televiziji, zašto tebe nikad ne vidim na televiziji? Ne znam, mama, ja držim do svoje povučenosti. Zašto, pita ona, šta to kriješ?

Kaže da su mnogi poboleli od pothranjenosti, jedu samo tortilju i pasulj, te ih on poučava kako da se prehrane iz listova drveta juka, ili papaje. Kaže da se velika medicinska pomoć krije u običnom ekseru koji ih, kad postoji nekoliko dana u vodi za piće, snabdeva gvožđem neophodnim za lečenje anemije. Kaže da tamo nema aspirina, te ih poučava da spravljaju čaj od vrbove kore koja je analgetik. Odvar od lišća eukaliptusa smiruje kašalj. Kaže da ako Nacionalna garda uhvati nekog sa zalihama lekova, nekoliko kalupa sapuna, nekoliko bočica antitetaničkog seruma, hapse ga kao subverzivca.

Nastojim da upamtim sve što je rekao. Slušali smo ga na jednom potkrovlju u ulici Spring, odrasli muškarci i žene posedali na pod kao deca a taj mladi lekar stoji kraj stuba i govori. U džungli se nije moguće sakriti. Moguće je na obradivom zemljištu, po brdima i dolinama, a tamo je svaka stopa naseljena, tako da gerilci zavise od stanovništva. Svakom zonom koju kontrolišu upravlja glavna skupština koju bira zajednica. Svaka zona sadi svoje useve ali rod stavljaju u zajednička skladišta. Neke zone specijalizuju se za gajenje živine, ili koza, ili za svinjogojstvo. Imaju samo nekoliko primitivnih bolnica. Obučavaju paramedicinske radnike zvane *brigadistas* koji pomažu malobrojnim lekarima i studentima medicine. Časove čitanja i pisanja drže pod drvećem.

Sedim i slušam mladog lekara. Odabrao sam mesto tako da se mogu nasloniti na zid. Kolena su mi uzdignuta. Otvaram oči i kroz veliki prašnjavi prizor potkrovlja vidim sopstvenu zgradu, nekoliko ulica severnije. Odbrojavam devet spratova i vidim sopstvena svetla. Zamišljam sebe kako stojim na prozoru i gledam sebe ovde. Ukopčavam zašto sam uzeo taj stan. Uzeo sam ga za nju. Uzeo sam ga da nam bude naše njujorško boravište.

Kad vlada napadne neku zonu gerilci evakuišu civile a u isto vreme se bore. Ranjenike nose sa sobom. Kriju stoku. Odlaze noću. Sve je to vrlo dobro organizovano, kaže. Kad upad prođe, civile vraćaju. Većina gerilaca nema ni osamnaest godina. Časove čitanja i pisanja drže pod drvećem.

*Našla se s nekim ljudima?* Kakvim ljudima! Ko su ti njeni prijatelji? Kako dospeva u sve te zemlje, a nema nikakvog vidljivog izvora prihoda?

Pička iz CIA.

Koga ima ovde, neko mora da plati. Srce, prepuknuvši, oseća se na krv. Koga ima ovde? Trebalo je da budeš devojčica, rekla mi je majka kad mi je bilo pet godina. Želela sam kćer da mi se nađe u starosti. Taj me je *dobro udesio,* ispričala je prijateljicama jednog dana na nekakvoj planinskoj verandi u suton, hiljadu-devetsto-trideset-i-koje? — dok sam se ja igrao na drvenim stepenicama, oči mi u ravni s golemim listovima i kolenima, butinama utisnutim u pletene stolice, suknjama zadignutim da bi se osetio vetrić ovog vrelog planinskog sumraka, *karlični porođaj, mislila sam da ću umreti.* Rilke je gore prošao, on je u svemu gore prošao, majka ga je prozvala ženskim imenom Rene i oblačila kao devojčicu i nije htela da ga šiša. Rajner je ime u koje je promenio ono Rene kad je odrastao. Rajner Marija Rilke. Zašto nije nešto uradio i s Marija kad se već petljao? *Ovde nema mesta koje te ne vidi. Moraš izmeniti svoj život.* Da, Rene/Rajner. Teži preobražaju. Porodi vlažnu sjajnu dušu. Jer Smrt će od tebe načiniti povest. Reći će da si uradio ono pravo. Da si se pridružio lozi blaženih bića i postigao skroman uspeh. O, Ljubavi, ne volim slovo o sebi, tu struju kroz krv moje zastarelosti. Da je moje biološko vreme isteklo. Da sam utrošio svet. Da više nisam neverovatno lep.

Tu je Tiedora S, sreo sam je pre neki dan kod supermarketa Grend Junion. Reče mi da ju je muž napustio zbog druge. A njemu za ljubav raskinula sam vezu koja mi je mnogo značila, reče. Ne, ne Tiedora. Visoka Islanđanka? Kad smo poslednji put razgovarali otkrila je bila čudesnu novu dijetu i skinula nekoliko kila. Reče da traži nekakvo telesno vežbanje kojim bi održala novu liniju. A seks, predloži. Svaki put sagoriš po dvesta kalorija. Bogme ne ako samo ležiš, uzvrati ona. Ne, ne visoka Islanđanka.

I dok mu je mozak samo ležao, njegovo zakrvavljeno oko shvatilo je da opaža, nemirnu na podu, dok je svetački lekar govorio, toliko nemirnu da nije mogla udobno da smesti noge ispod sebe, suknja joj se penje, veliko pokazivanje nogu, Bože blagi, njegovu, moju, staru prijateljicu glumicu Brendu. Pre nekoliko godina Brenda je pet minuta bila moja vruća muza. Potrefili smo se zato što je ona znala o bolesti i nemoći mnogo više nego ja. Nije bila samo nestašna i jebežljiva, ko danas nije, nego i veliki stručnjak za telesnu patnju. Eno je. Gledamo se preko sobe i smešimo jedno drugome čuvši kako časove čitanja i pisanja drže pod drvećem.

Brenda je pre nekoliko godina čudesno pregurala operaciju na mozgu i kad smo se našli rekla da se u starosti može nadati teškoj oduzetosti kao odloženoj posledici. Ako poživi dotle. Još uvek uzima atabrin zbog malarije koju je zaradila u Bangladešu, a kad smo se poznavali patila je od zapaljenjskog obolenja karlice mada sam mislio da joj to ja nanosim, mislio sam da je to zbog mene. Pa lepo, glumice sablasna, ti koja se tako dobro ljubiš. U pozorištu se ti s takvim pesničkim darom moraju osećati teže i beznadežnije od svih drugih. Otići ćemo nekuda i živeti siromašno, rekla mi je u ponesenosti našeg prijateljstva, mogu te silno usrećiti! Na nozi nosi ožiljak iz vremena kad ju je neki suludi veteran iz Vijetnama prebio na jednom zboru, raspalio je nogom i slomio joj cevanicu koju lekari posle nisu dobro namestili. Ili je imala saobraćajnu nezgodu, ne sećam se. Polomila je mnoštvo kostiju a video sam i kako. Jedne noći, posle dobrotvorne književne večeri koju je nekolicina nas održala u Sautemptenu, spopali je neki obožavaoci i ona, da bi umakla, izvede zapanjujući štos, uzmače do ograde verande, istina, do zemlje nije bilo više od osam-devet stepenika, no ona napravi skok unazad pravo preko ograde i iščeze u volanima podsuknji, mlatarajući cipelama s kaišićima, svi smo stajali i zgledali se, i suviše zblanuti da bilo šta preduzmemo, i slušali kako se Brenda provlači kroz živu ogradu od Kalinice.

Kad sam počeo da sabiram sve njene priče o režiserima koji su u talasima navaljivali na nju, zvezdama koje su pokušale da je siluju, smrtnim bolestima koje je prebolela, političkim spletkama u kojima je stavljala glavu u torbu, postah oprezan. Sve bi bilo u redu da je posredi neka mitomanka, ali Brenda je govorila suštu istinu. Neshvatljivo. U tom kolu ne zakačinješ prehladu, dobijaš zapaljenje pluća. Kreneš nekuda na letovanje a tamo izbije revolucija. Ti si gromobran za život, dođeš do belog usijanja, sagoriš. Ja hoću dugo da živim, ne želim da živim u siromaštvu, ne želim da se oko mene bori sedam raznoraznih boleština odjednom.

No eto nas gde ponovo razgovaramo posle besede američkog Doktora-sveca na potkrovlju vernika u Ulici Spring, a ja se prisećam kako je prijatna i topla bila u mom naručju, ta visoka žena duga struka, jednom me je naterala i da plešem zbog čega sam čak obećao da ću napisati komad za nju, i evo je sad gde ponovo razgovara·sa mnom, smeje se, oči joj se raširile od čuđenja, kao dečje, a ja mislim samo te nebo poslalo, samo te nebo poslalo, uz nekoliko pića možda ću se čak ponadati da nisam opustošen. Možda ću čak poverovati da sam lakrdijaš i da je moja sudbina bez važnosti.

I tako, ispisasmo čekove za njihove lekove i ja se rukujem s govornikom pa Brenda i ja idemo u kafić i razgovaramo, potom u bar u Ulici Prins, pa još razgovaramo, priča mi šta radi ovih dana, u kojim je vodama. Oh Džonatane, kaže, strašno se bojim da se vratim tamo dole. Ali kako da se ne vratim? Oh, Bože, znaš šta rade ženama-ustanicima?

Ona se stresa i otpija. Sedimo pripijeni, obgrljujem je, toplo slatko biće. Pijemo. Oh, Džonatane, toliko toga treba uraditi, veli. U Njujorku je samo par dana, odsela je kod prijateljice. Kažem joj nema potrebe, može provesti tu noć sa mnom. Možda je trebalo da obratim pažnju. Ona me gleda u oči. Uzima me za ruku i ubrzo se obresmo, ne pitajte me kako, u sakristiji jedne crkve na Gornjoj Zapadnoj strani i ja se rukujem s riđobradim župnikom koji nosi svešenički okovratnik, a on mi, na način na koji se oni koriste tim glagolom, veli da želi da podeli nešto sa mnom, i, zbilja velikodušno, sručuje na mene svoje nadzemaljsko tajnovito učenje, saopštava mi koliko ih ima koji ilegalno žive po utočištima organizovanim na osnovu raznih crkvenih programa, ili se prebacuju u Kanadu kao krtica, i ima ih poprilično, zavirujemo u njegov ured, zavirujemo u crkvenu biblioteku, zavirujemo u podrum zbornice i svuda su uz senila noćnih svetiljki redovi kreveta i tamni oblici ljudi koji spavaju kao u moje vreme na letnjim logorovanjima na onim malim gvozdenim poljskim krevetima. Vraćamo se na svetlost i ja vidim Brendu kako mu se kači o ruku i gleda mu u usta dok govori, piljeći u njegovo bistro zgodno mlado lice.

Negde u poslednjih pet godina stvari su postale ozbiljne. Nisam primetio. Nikakvo čudo što me sad svi prelaze.

Šta ću s ovim ljubavnim razglednicama, ovom ukrasnom kašikom, ovom vazom, ovom činijom od brušena stakla? Njenim materičastim posudama. Da vidim mogu li ih lepo spustiti devet spratova niz kanal peći za spaljivanje smeća a da ne dodirnem zidove.

Jadan i kukavan reših sinoć da ipak odem u Dakotu na promociju Krenšoove knjige. Želeo sam da se malo utešim i podsetim šta je to što radimo. Moj cenjeni kolega je nekako skontao da će, ako svake tri-četiri godine napiše slab ali okolišan roman i udesi da mu se promocije priređuju po čuvenim salonima, održavati status književne legende. Čudesna stvar, on očekuje da mu se ukazuje čast, i ukazuje mu se. Svaki pisac koji je u gradu tu je, Norman i Kurt, Džojs, Endžel se dovezla iz Konektikata s Bilom i Rouz-Endžel izgleda straobalno, otkud joj ta haljina? Džonatane, kaže ona smejući se, baš lepo što te vidim — mašem Filu, tu su Berni, Džon, Džon A, Piter i Marija došli s Ostrva... Svi smo tu izuzev nekolicine Krenšoovih neprijatelja i svi se, ja ništa manje od ostalih, svako na svoj način, priklanjamo ovom obličju sebe, Velikome uspehu, kojem bismo se rado klanjali a u isti ga mah osudili na lomaču.

Zvezdana noć! Teško je razgovarati, velika gužva. Predstavljaju me jednoj mladoj ženi. Milo mi je, kažem. Mislila sam da znate i nešto visprenije od toga, kaže ona. Stan od dvanaestak soba s visokim tavanicama, tu Baltus, tamo de Konigova Žena, elegantni starinski odozdo pohabani tepisi, mnogo uglačanog parketa i nezastrtih prozora. Stan je krcat. Sevaju blicevi, gomila oko Boj Džordža, šta on iliti ona traži ovde? Ove sezone momci nose kratku kosu sa strelastim bakenbardama. Crna odela preko belih potkošulja. Devojke ošišane u stilu Detroit, ili bodljikavo prase, velike crvene usne, dugački neukrojeni kaputi i nazuvice oko gležnjeva.

Počinjem da pijem. Moj dragi kolega Leo zauzeo je uzvišeno mesto tik uz sto s barom, maličice pri njegovom zadnjem delu, tako da može da doliva bez čekanja u trostrukom redu spreda. On je duboko ogrezao u piće što barmen shvata i uvažava. Leo je krupno, neuredno biće, kravata mu razlabavljena, košulja se upola izvukla iz pantalona, ćuba čupave kose pala mu preko jednog oka, grozno se znoji, izgleda kao da se rastače, uvek je tako i izgledao. Za Lea je pisanje čista i neizlečiva muka, hronična degenerativna bolest, uspeva da izbaci jednu knjigu u deset godina, doista je sjajan a nikad nije zaradio ni cvonjka, u godinama je kad su stipendije i studijska putovanja jaram oko vrata. Reci mi, kaže, gledajući me u oči, postoji li pisac koji stvarno veruje u ono što radi? Da li je iko od nas istinski ubeđen u ono što piše? Jesam li ja? Jesi li ti?

Tačno ono što mi je trebalo. Oči suzne od uvređenosti iščekuju moj odgovor. Oh, Leo, mislim, kad ti kane koja parica od onog što si napisao shvatićeš u kojem grmu leži zec. Njegova žena, zamamna u nekakvoj nabranoj haljini, čupka mu mrvu izdrobljene tortilje iz kravate. On gleda njenu ruku prateći je dok mu prolazi ispred nosa: uklanja mu onu ćubu s čela. Ženo, daviš, kaže, i utapa se u gomili.

Oh, Leo, poželeh da kažem, svaka me je knjiga odvo-dila sve dalje tako da se sam povod zabašurio, ostao kao puki slabi daleki signal iz domovinske stanice, a možda čak i on čili.

Telefonski poziv od Rona, mog advokata. Daje mi ve-zu s jednim svojim ortakom koji je stručnjak za slučajeve useljavanja i naturalizacije. To je izričito protivpravna radnja. Federalni zakon predviđa novčanu kaznu do dve hiljade dolara i/ili kaznu zatvorom u najdužem trajanju od pet godina. Sigurni ste da su bez dokumenata? pita Ron. Mnogi su ovde legalno ali žive u krajnjoj bedi. Ne, ne, izistinski, kažem im. Možda samo na nekoliko dana. Dok im ne nađu bezbedni smeštaj. Osećam se kao junak. Odvažan. Pa, veli ortak, do danas u INS[1] nisu preduzimali ništa u vezi s tim programima. Još nisu počeli da upadaju u crkve i slično. Ali kako se stvar bude razvijala tako će i oni morati da se okome na nju, naprave probu-dve, primera radi. U svakom slučaju, moramo vas opomenuti da se ne upuštate u radnje koje su kažnjive po zakonu.

Pozivam crkvu. Dobri otac bistra lica kaže mislio sam da smo na istoj strani. Hriste Bože, ta pružite tim ljudima bar malo prostora. Ovaj, vidite, kažem, želim da pomognem ali moram priznati da sam na umu imao manje svesrdno učestvovanje, nešto kao skromno dobro delo. Šta želite da uradim, a otac koji je mlađi od mene kaže, u škripcu smo, pretrpani smo, njihovi su kreveti već zauzeti. Eto, to znači osvedočiti se.

Predaje mi ono teološko sranje.

Kako se osećam? Više me nije briga. Možda kao onaj pesnik kod Jejtsa koji leže na kraljev prag da umre zato što je izbačen iz vladajućeg kruga. Da, eto šta je ovaj stan, eto šta ja tu radim, i ako umrem, njima greh na dušu. Na šta bi drugo ovo moglo da ukazuje osim da mi je uskraćeno iskonsko pravo da nešto značim? Da, vi strine, ja od raščinje-

---

[1] *INS*. Skraćenica za Internal Naturalization Service. *(Prim. prev.)*

nih predionica, puki čovek od slóva, još jedanput ću zasesti u državne savete ili će se s neba stuštiti strašna pustoš, poput ognjene magluštine protutnjati preko Svetskog trgovinskog centra, zasuti ulice SoHoa svojim sumporastim sjajem, zafijukati kroz svaki napukli prozor, zaustaviti raspevani glas svega živog, a vaš uraznoličeni investicioni resor pretvoriti u pusto ujdurisanje.

Javljam Endželi. Njoj to ne ide u glavu. Opet neki folirantski zez, nešto *novo* što joj priređujem? Tera me da posumnjam u sebe. Ne postavljaj mi ta pitanja, kažem. Ja manje od ikog znam za šta sam sposoban. Misli na sebe, kažem joj mudrim jezikom frau doktorke, mi smo odvojene jedinke, sama odlučuješ šta ćeš raditi. Pusti da prespava. Ne, Džonatane, veli ona, pokušavam da ti kažem da sam zadovoljna što sam pitana.

I tako, *mis amigos,* eto njega u jedno rano jutro na IRT. Onako kako danas putujemo. U vagonu s grafitima nikog izuzev jedne porodice koja sedi prekoputa njega, Otac Majka Troje dece gledaju me krupnim kao kupine crnim očima, sklopiva kolica nekoliko kofera obmotanih konopcem za veš da se ne raspadnu, koprcavo odojče u njenom krilu. Ne može čestito da diše, pri svakom izdisaju stvara se i puca slinavi mehurić. Ljudi su uredni, doterani, odeveni u čiste preko crkve dobijene haljine. Oglas iznad njih. Čitam, vežbajući španski, sad vidim zašto: *El estar sentado todo el día es malo para mis hemorroides. Quiero una medicina que ayude a reducir la hinchazón.*[1] O da, trebaće mi mnogo toga, ceo tovar za tovar koji sam sad dobio.

A ovoga jutra pišem, novi je dan pozne zime, Gazdarica kuva nekakvu kašicu u kuhinji, doneli su sopstvenu mešavinu za tortilju i suvi pasulj, deca su lepo vaspitana ali počinju da istražuju stan, u kupatilu se upravo nešto razbilo, neko nekog nešto nagovara, jedna glava uviruje, isprike, pelene nisu najmirisavija stvar na svetu, tako mi i treba, čekaj da dečaci doznaju za ovo, moram nabaviti mali milion

---

[1] Sedeti celog dana loše je za moje hemoroide. Želim lek za smanjenje otoka. *(Prim. prev.)*

stvari koje mi ranije nisu trebale, lonce šerpe, još posuđa, prašak za peraću mašinu u podrumu, kovanice od četvrt dolara, moram biti siguran da su dobro utuvili da ulazimo i izlazimo kroz podrum. Moj prijatelj Senor je jadan, strahovito suv, visoke jagodice, crni brkovi, crna prava meleska kosa, stoji u izlog-prozoru najbolje gajbe koju je u životu video i zuri u horizont razmišljajući šta to bi s mojim životom.

Šta to bi s *mojim* životom!

Trebaće mi čaršavi za poljske krevete, trebaće mi poljski kreveti, nemam danas toliko vremena, čekam da Endžel dođe s 245 DL, znači li ovo da ću morati da živim u Konektikatu? Ne zanosimo se. Možda će stvarno ostati samo dan-dva, možda će ih uhapsiti. Gledaj, zemljo moja, šta si mi napravila, šta moram da radim da bih živeo sa sobom.

A u vestima preko radija misle da su otkrili nov planetni sistem koji se vrti oko zvezde Vege, još nisu sigurni, velik oblak prašine, neki novorođeni sistem, prvi koji je uopšte viđen da se vrti oko nečega što nije naše sunce, da, i u pravi čas, takođe, biće blizu za svaki slučaj.

Ovde malo dete hoće da kuca na mašini. Važi, uzimam mu prstić, sad kucamo, lako pritiskujem njegov majušni kažiprst, slovo koje odskače ga ushićuje, odjednom svako slovo ispada vvv sviđa mu se v, hej ko ovo piše? svakom dobrom dečku treba lađica za igru, možda ćemo stići do kraja stranice i ispuniti moju dnevnu normu 'ajde, dete, možeš ti da isteraš još tri šugava reda.

# E. L. DOKTOROV: IZMEĐU FORME I PORUKE

Savremeni američki pisac Edgar Lorens Doktorov (1931) imao je tu sreću (ili nesreću, zavisi iz kojeg ugla posmatrate) da objavi jedan pravi bestseler, poman *Regtajm* (1975), koji je brzo preveden na mnoštvo jezika, uključujući i srpskohrvatski. Pre toga, njegovo ime bilo je poznato samo manjem broju književnih kritičara i pasioniranih sledbenika novih zbivanja u američkoj prozi. Naravno, ne može se tačno reći zašto je tako bilo, premda se jedan razlog, i to dosta dobar, može pronaći u činjenici da se Doktorovljeva dela ne uklapaju u glavne tokove savremene američke proze. O njemu se ne može govoriti kao o izrazitom „metaprozaisti", „postmodernisti", „prljavom realisti", predstavniku „jevrejske škole", ali zato se u njegovim dosadašnjim delima prepoznaju uticaji i podsticaji ovih strujanja koja potresaju i obogaćuju američku prozu poslednjih nekoliko decenija.

Ako bismo ipak pokušali da pronađemo neku zajedničku odliku u dosadašnjim Doktorovljevim delima, a on je do sada objavio šest romana i jednu zbirku priča, onda je to parodijski odnos prema književnim žanrovima. Ono što je posle prvog, nezapaženog romana delovalo više kao kuriozitet nego kao stvaralačko opredeljenje, pokazalo se kao konstanta ili formula koju Doktorov dosledno primenjuje u svom radu. Parodiranje žanra predstavlja postupak kojem su pisci i do sada često pribegavali, pogotovo danas — u epohi postmodernizma, ali je malo onih koji su u tom postupku otkrili toliko novih žanrovskih mogućnosti kao Doktorov. To nikako ne znači da je on s podjednakim uspehom ostvarivao svoje parodijske zamisli; naprotiv, kritičari su gotovo složni u oceni da većina njegovih dela ne zadovoljava u celini, ali to ipak ne umanjuje značaj formalno--sadržajnih inovacija u Doktorovljevoj prozi.

Prvi Doktorovljev roman, *Dobro došli u Teška Vremena* (1960), prošao je gotovo neprimećen. Sagrađen na nekim od osnovnih konvencija vesterna, ovaj roman, prema mišljenju Džona Starka, pokazuje da ljudi nisu u stanju da izgrade trajno društvo, a kamoli društvo koje zadovoljava.

141

Priča je jednostavna: jednog dana zlikovac po imenu Tarner uništava gra-
lić Teška Vremena; građani i gradonačelnik Blu (koji ispisuje hroniku
nesta) uspevaju da obnove grad, ali tada život kao da gubi smisao; tada
se Tarner ponovo pojavljuje i ponovo ruši grad do temelja. Roman se
nože čitati na dva načina: kao parafraza klasičnih mitova o američkom
Zapadu ili kao parabola o nemoći dobre volje pred silom bezumnog uniš-
enja.

I u drugom romanu, *U prirodnoj veličini* (1966), Doktorov preuzi-
na mitsku temu iz nedovoljno cenjenog književnog žanra. Ovog puta reč
e o mitu o dolasku monstruoznih vanzemaljaca, u ovoj knjizi predstavlje-
nih u obliku dve ogromne gole ljudske figure, koje visinom znatno nad-
našuju njujorške nebodere. Njihova pojava izaziva paniku, a Doktorov se
najviše bavi reakcijom preostalih ljudi na kriznu situaciju. Neki kritičari su
u ovoj knjizi videli parabolu o atomskoj bombi, ali je sam Doktorov ista-
cao da se ona odnosi na „savremeni sukob i postojeću čovekovu strep-
nju". Ljubitelji prave naučne fantastike odbacili su je kao neuspelu.

Međutim, sledeći Doktorovljev roman, *Danijelova knjiga* (1971),
privukao je pažnju većeg broja književnih kritičara, od kojih su neki, kao
britanski kritičar Dejvid Kot, smatrali da je Doktorov najbolji politički pi-
sac posle Solženjicina. Stenli Kaufman je rekao da je *Danijelova knjiga*
najbolji američki politički roman jedne generacije. U stvari, Doktorov se
i ovde poigrao sa konvencijama žanra i stvarnu, istorijsku priču o strada-
nju bračnog para Rozenberg (koji su pogubljeni kao navodni sovjetski špi-
juni) zamenio pričom o izmišljenom bračnom paru Ajsakson. Danijel iz
naslova jeste njihov sin, koga je, zajedno sa sestrom, posle pogubljenja ro-
ditelja prihvatio bostonski advokat Levin. Ako su uništenje i ljudska
strepnja bile glavne teme njegovih prethodnih romana, onda je to ovde
(više od svega drugog) pojam otuđenja. Doktorov slika tragediju otuđenja
na nekoliko ravni: otuđenje i asimilicija Jevreja (s čestim aluzijama na bi-
blijsku knjigu proroka Danijela — Danila), psihološko otuđenje (Danije-
lova sestra je gotovo luda, dok se Danijel nalazi na samom rubu pometnje
i agresivnosti), političko otuđenje (usled pripadnosti proganjanoj komuni-
stičkoj partiji). Glavnom junaku polazi za rukom da se pročisti i da stekne
svoj integritet, tj. da napiše svoju knjigu, zahvaljujući iscrpljujućoj samo-
analizi. U *Danijelovoj knjizi* Doktorov je uspeo da odrazi sliku političke
klime u SAD sredinom ovog veka. Kao pisac, prvi put je uspeo da stvori li-
kove koji su imali određenu dubinu i uverljivost, i što je najvažnije, nago-
vestio je put kojim će se dalje razvijati: postupak mešanja stvarnog i iz-
mišljenog na temelju ravnopravnosti činjenice i mašte.

Sledeći proizvod takvog spisateljskog stava bio je već pomenuti *Regtajm*, bestseler koji je ozbiljno uzdrmao knjižene krugove i naveo kritičare na zapenušana izjašnjavanja „za" ili „protiv". Ali takva je sudbina popularnih dela, pogotovo onih koji u sebi imaju više književnih vrednosti od običnih bestselera. Ne može se pobiti da je Doktorov ovom knjigom stvorio izuzetno bogatu, raskošnu sliku Amerike uoči prvog svetskog rata. U pogledu stila, regtajm kao muzička forma ne daje smo naslov knjizi; on, kako zapaža Kaufman, određuje ritam proze — tačnije rečeno, *Regtajm* je napisan u ritmu ove muzike koja postaje simbol promene života, ulaska Amerike u novu eru. Da bi što uverljivije prikazao ovaj period, Doktorov poziva u pomoć stvarne likove: Junga, Frojda, Hudinija, Dž. P. Morgana, Henrija Forda, Emu Goldman, Bukera T. Vašingtona, čiji se životi i postupci prepliću sa izmišljenim likovima, uglavnom crncima i Jevrejima. Samu priču je nemoguće ispričati, s obzirom na to da bezbroj novih priča i anegdota izbija sa svake stranice. Stoga *Regtajm* pre funkcioniše kao alegorija, kao ideja, nego kao dobro uobličeno knjiženo delo. Doktorovljev prozni postupak (kojim se kasnije posluži D. M. Tomas prilikom pisanja *Belog hotela*) najviše nas podseća na Markesovo pripovedanje u *Sto godina samoće*, na zgusnuto prozno tkivo koje je toliko obogaćeno idejama, da čitalac naprosto ne sme da zastane. No, za neke kritičare to je bila glavna zamerka *Regtajmu*: ako zastanete da ga razmotrite kao ozbiljno književno delo, pisao je Džonatan Raban, raspada se kao kuća od karata. Ako pomislimo da je ova ocena prestroga, ipak se moramo složiti s tvrdnjom da je Doktorov stvorio dvodimenzionalne ličnosti pomoću kojih je hteo da pokaže kako sile istorije, a posebno ekonomije, upravljaju ljudskim sudbinama.

U svakom slučaju, bez obzira na ocenu kritičara, *Regtajm* predstavlja privlačno i duhovito književno štivo. *Regtajmom* je Doktorov potvrdio da američka književnost u njemu ima ozbiljnog i veštog tumača socijalnih i političkih prilika u Americi, pogotovo tokom tridesetih godina. Ovaj period Doktorov je osvetljavao i u *Danijelovoj knjizi*, kao i u svoja dva poslednja romana, *Jezeru gnjuraca* (1980) i *Svetskom vašaru* (1985). Džon Blejds je *Jezero gnjuraca* nazvao „proleterskom odom koja se odigrava za vreme velike depresije", dok je sam Doktorov rekao da svoje romane vidi kao „deo tradicije socijalnog romana pisaca kao što su Dikens, Igo, Drajzer, Džek London". Stoga njegova poslednja dela možda treba sagledati kao svojevrsne žanrovske parodije socijalnog i proleterskog romana koji je cvetao u američkoj književnosti tridesetih i četrdesetih godina. Iako po svom interesovanju za formu i parodiranje žanra dosta duguje metaprozaistima, Doktorov je ipak bliži tradiconalnom poimanju pisca kao društvenog komentatora. „Proza se u poslednje vreme povukla u kuću", rekao je Doktorov, „i zatvorila za sobom sva vrata, kao da napolju ne postoji ulica, auto-put ili grad. Ja nastojim da ostanem napolju."

I u knjizi *Životi pesnika* (1984), prvoj Doktorovljevoj pripovedačkoj zbirci, prepoznajemo sve glavne odlike njegove proze: parodijski pristup žanru (svaka priča u zbirci napisana je različitim stilom i postupkom), mešanje stvarnog i izmišljenog, sklonost ka stvaranju novih formi, izrazitu socijalnu poruku i društveni angažman. U formalnom pogledu, zbirka *Životi pesnika* predstavlja izuzetno ostvarenje. Naime, dok čitamo prvih šest priča gotovo da ne zapažamo nikakve veze između njih: smeštene u različitim vremensko-prostornim koordinatama, one funkcionišu kao zasebne celine koje nas zadovoljavaju više ili manje. Međutim, završna novela, po kojoj je naslovljena cela zbirka, deluje kao neočekivani katalizator. Dok je čitamo, shvatamo da je pred nama autor prethodnih šest priča. Na taj način pojedini događaji iz priča dobijaju nov smisao, a pred čitaocem se otvaraju mogućnosti uvida u sam kreativan postupak. S jedne strane, doznaje kako se stvarni događaji pretvaraju u elemente umetničkog dela, dok s druge strane prati kako delo utiče na svog tvorca. Pisanje o pisanju, o procesu nastanka proznog dela, počiva u samom središtu interesovanja metaprozaista, ali Doktorov govori o tome na način koji se razlikuje od postupka tako vrsnih metaprozaista kakvi su Džon Bart, Donald Bartelmi ili Robert Kuver.

Doktorovljev junak je pisac srednjih godina koji počinje da sumnja u moć svoje umetnosti. Kriza kroz koju prolazi, i koja bi u svetlosti novele mogla da se izrazi rečima „sve se raspada", odražava krizu savremenog američkog društva, ali i krizu piščevog identiteta. On shvata da je, u izvesnom smislu, postao lik iz svoje biografije, kao što čitalac uviđa da mnogi iskazi iz piščevih umetničkih tvorevina predstavljaju samo prazne fraze u njegovom svakidašnjem životu. Pisac iz novele se priseća kako mu je neka žena jednom rekla da je jezik nešto što gotovo ne postoji, a ako ne postoji jezik, koji je sredstvo njegove umetnosti, onda mu preostaje samo čin, akcija, delo. Tako piščev stan postaje utočište za ilegalne izbeglice iz Srednje Amerike, jer su stvari, kako primećuje kritičar „Njujork Tajmsa", „postale preozbiljne za reči".

Kraj novele, i kraj knjige, može se protumačiti kao poziv na akciju, kao sugestija da je od svih mogućih poruka i dimenzija najvažnija upravo ideološka. Ali takve redukcije uvek su donosile više štete nego koristi. Istina, u kontekstu savremene američke književnosti Doktorovljeva dela nose jedan od najjačih ideoloških naboja, ali ironičan odnos prema ideologiji i parodijski odnos prema dominantnim zahtevima forme, oslobađaju Doktorovljevo delo političkog pamfletizma. Iako pred nama i dalje ostaju brojne zamerke izrečene na račun Doktorovljevog stila i uverljivosti kreiranja književnih likova, zbirka *Životi pesnika* ipak predstavlja jedno od najuzbudljivijih svedočanstava o nemiru kreativnog duha u današnjoj Americi.

David ALBAHARI

# SADRŽAJ

RAD
Beograd
Moše Pijade 12

\*

Lektor
Jovanka Arsenović
\*
Korektor
Milica Stambolić
\*
Nacrt za korice
Janko Krajšek
\*
Štampano
u 10.000 primeraka
\*
Štampa
GRO „Kultura"
OOUR „Slobodan Jović"
Beograd
Stojana Protića 52


КАТАЛОГИЗАЦИЈА У ПУБЛИКАЦИЈИ (CIP)

820 (73)-32

ДОКТОРОУ, Едгар Лоренс

Životi pesnika : šest priča i jedna novela / Edgar Lorens Dok-
torov ; prevela s engleskog Jelena Stakić ; pogovor David Albaha-
ri. — Beograd : Rad, 1986 (Beograd : „Slobodan Jović"). — 145
стр. ; 18 см. — (Reč i misao. Nova serija ; 399)
Превод дела: Lives of the poets / E. L. Doctorow. — E. L. Dok-
torov : Između forme i poruke : стр. 141—145.

1. Стакић, Јелена прев. 2. Албахари, Давид, п. пог.
I Doctorow, Edgar Laurence
820 (73).09-3
PK:a. Doktorou, Edgar, Lorens (1931-      )

Обрађено у Народној библиотеци Србије, Београд

ISBN 86-09-00019-2